Friedrich Stolz

Die Urbevölkerung Tirols

Ein Beitrag zur Palaeo-Ethnologie von Tirol

Friedrich Stolz

Die Urbevölkerung Tirols
Ein Beitrag zur Palaeo-Ethnologie von Tirol

ISBN/EAN: 9783741149177

Manufactured in Europe, USA, Canada, Australia, Japa

Cover: Foto ©Lupo / pixelio.de

Manufactured and distributed by brebook publishing software
(www.brebook.com)

Friedrich Stolz

Die Urbevölkerung Tirols

Die

Urbevölkerung Tirols.

Ein Beitrag zur

Palaeo-Ethnologie von Tirol.

Zweite umgearbeitete Auflage.

Von

Fr. Stolz.

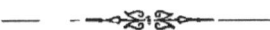

Innsbruck.

Verlag der Wagner'schen Universitäts-Buchhandlung.

1892.

Druck der Wagner'schen Universitäts-Buchdruckerei.

Inhalt.

I.

Einleitende Bemerkungen.

Im Jahre 1886 hielt ich im Saale der k. k. Universität einen Vortrag über die Urbevölkerung Tirols, der sodann im «Boten für Tirol und Vorarlberg« veröffentlicht wurde und auch in einer beschränkten Zahl von Sonderabdrücken zur Ausgabe gelangte [1]). Es stellte sich mehrmals Nachfrage nach den inzwischen längst vergriffenen Exemplaren dieses Vortrages ein, und so entschloss ich mich, einer freundlichen Aufforderung des Herrn Verlegers Folge leistend, eine Neubearbeitung dieses Vortrages vorzunehmen, wenn auch im Wesentlichen das bereits damals gesammelte, in umfangreichen Noten dem Texte beigegebene Material in der vorliegenden Schrift bearbeitet worden ist. Selbstverständlich habe ich sorgfältig darauf geachtet, damals übersehene, auf den Gegenstand bezügliche Schriften und Abhandlungen für diese Bearbeitung nutzbringend zu machen und den Fortschritten des Wissens auf allen in die Paläo-Ethnologie von Tirol einschlägigen Gebieten nach Möglichkeit zu folgen.

In der That scheint es nicht überflüssig, den augen-
blicklichen Stand der Forschung auf diesem Gebiete
zum Ausdruck zu bringen. Herrschen ja doch noch
mitunter recht verworrene Anschauungen in Bezug auf
die vorgeschichtlichen Bevölkerungsverhältnisse unseres
interessanten Alpenlandes mit seinen merkwürdigen
Orts- Flur- und Bergnamen, die manchem gelehrten
Altertumsforscher viel Kopfzerbrechen verursacht haben
und hinwiederum von manchem Dilettanten auf diesem
Gebiete mit spielender Leichtigkeit erklärt worden sind.
Ich muss mich unwillkürlich der Worte erinnern, die
der verstorbene Professor Jülg als Präsident der 29. Versammlung deutscher Philologen und Schulmänner im
Jahre 1874 unter andern in seiner Begrüssungsrede
an die Versammelten richtete:

„Dass Sie ein ganz absonderliches Land betreten,
wo dem Philologen und namentlich dem Etymologen
der Boden unter den Füssen zu wanken beginnt, das
haben Ihnen schon auf der Herfahrt die seltsam an
das Ohr klingenden Laute von Stationsnamen wie Wörgl,
Kundl, Brixlegg, Schwaz, Terfens zu Gemüthe geführt;
und wie erst, wenn Sie selbst in näherer oder weiterer
Umgebung von Innsbruck Namen von Dörfern wie Ab-
sam, Tulfes, Amras, Sistrans, Aldrans, Lans, Igls, Axams,
Perfus hören! oder schönklingende Namen wie Vulpmes,
Puig, Pflersch, Gschnitz, Pfitsch, Perfux, Angedair, Latz-
fons, Bschlapps Ihnen entgegentönen: da muss selbst
einem Philologen, der sonst viel vertragen kann, angst
und bange werden! Und mitten unter diesen Monstra

wieder gute, ehrliche, allgemein verständliche Namen
wie Kirchbichl, Neustift, Rattenberg, Mühlau, Mühlbach,
Ried, Erlach, Steinach. Und doch kann ein solches
Namengewirre uns nicht so gar sehr befremden, wenn
wir an unserem geistigen Auge alle die Schaaren der
verschiedenartigsten Völkerstämme vorüberziehen lassen,
die seit unvordenklichen Zeiten bis zur endgiltigen
letzten Ansiedlung in diesem Lande sich herumgetummelt
haben. Auf diesem Boden lässt sich so recht der
harte „Kampf um das Dasein" verfolgen." [2])

Man verzeihe diesen Abstecher in das Gebiet der
Onomatologie, der ja um so leichter entschuldbar ist,
als wir voraussichtlichermassen uns auch später noch
auf dieses Gebiet werden wagen müssen, wenn auch
nur in leichtem Streifzuge und ohne die Absicht, den
Herrn Namendeutern ernstlich in ihr schweres Hand-
werk zu pfuschen. Kehren wir aber zu der Paläo-
Ethnologie zurück, so muss man billig seinem Er-
staunen Ausdruck leihen über die Unklarheit und Willkühr, die auf diesem Gebiete trotz aller vorausgegan-
genen Forschungen zum Theil noch herrscht. Eine
freilich in ihrer Art einzige Probe ist eine Stelle aus
einem Aufsatz von Fritz Pichler, der den Titel
führt: „Urgeschichtliche Studien zur kärntnerischen
Orte-Bildung" [3]). Ich kann nicht umhin sie anzuführen:
„Das im Verlauf der Jahrhunderte gesonderte Volk der
brachycephalen Illyrier im Adria - Ostland und die
Nachkommen der Ur-Finnen ergaben alsdann jenen,
südlich von der Mittel-Donau bis Wälsch-Tirol und

1 *

Schweiz erstreckten Stamm der Etrusco-Räter oder
Ost-Etrusker und Rasener, welcher viele Menschenalter
lang, durch die Alpenscheidewand von Italien ganz ab-
geschlossen, ein nordischer geblieben.« Wahrlich eine
Sibylle wäre nicht zu viel, solch' ethnologisches Räthsel,
wie es hier gegeben ist, zu lösen!

In der im Jahre 1889 erschienenen Geschichte der
Stadt Meran von C. Stampfer liest man im Eingange
folgende Worte: „Die Venosten waren ein Zweig des
rätischen Volksstammes, der mehrere Jahrhunderte vor
Christus das Alpenland zwischen dem St. Gotthard und
dem Brenner und von der Veroneser Klause bis zu
den nordtirolischen Alpen in Besitz nahm, also den
jetzigen Canton Graubündten und Westtirol bewohnte.
Welchem der ältesten grossen Volksstämme die Rätier [4])
angehört haben sollten, ob dem celtischen oder etruskischen, sind die Archäologen und Geschichtschreiber
verschiedener Meinung.« Wie in der eben angeführten
Stelle die Bezeichnung „Räter« irrig aufgefasst ist,
worüber noch weiter unten ausführlicher zu handeln
sein wird, so auch in dem Buche von Dr. F. Tappeiner „Studien zur Anthropologie Tirols«, auf dessen,
wie wir gleichfalls später sehen werden, für die Paläo-
Ethnologie Tirols nicht zu verwertende Ergebnisse sich
der früher erwähnte Verfasser der Geschichte Merans
im Anschlusse an die oben aufgeführte Stelle stützt.

Wenn man weiter bedenkt, dass selbst in den
Werken hervorragender Geschichtschreiber, wie in der
bekannten Abhandlung von A. Jäger über die Breuni [5])

eine nachweisbar ganz irrige Auffassung über die nationale Zugehörigkeit dieser historisch bezeugten Ein-
wohner eines Theiles des tirolischen Alpenlandes ausgesprochen wird, bezüglich welcher Jäger zum Schlusse
kommt, „dass wir in ihnen ohne Zweifel die keltischen
Ureinwohner der mittleren Alpen zu erkennen haben,
die vor der Einwanderung tuskischer Rätier die nach
diesen benannten rätischen Alpen in ihrer ganzen
Ausdehnung inne gehabt haben«, so scheint es für-
wahr durchaus nicht eine überflüssige und müssige
Arbeit zu sein, die interessante Frage, auch wenn keine
Aussicht auf eine vollständig befriedigende Lösung
vorhanden sein sollte, neuerdings einer eingehenden
Behandlung zu unterziehen.

Allerdings ist sich der Verfasser wol bewusst, dass
er mit dieser Arbeit ein Gebiet betreten hat, das zum
guten Theil über seinen engsten Wissenskreis hinausgreift. Gleichwol aber glaubte er das Wagestück unternehmen zu dürfen im Vertrauen auf den innigen Zusammenhang, in welchem alle die Urgeschichte betreffenden Fragen auch mit der Sprachforschung stehen.
Andererseits ist es bei derartigen Arbeiten unerläss-
lich, die Forschungsergebnisse der prähistorichen Archäologie in den Kreis der Betrachtung zu ziehen und
auch den verschlungenen Pfaden der anthropologischen
Forschung nachzugehen, zumal man noch vor nicht
langer Zeit von der Kraniologie sichere Aufschlüsse
auch in ethnologischen Fragen erhoffte. Dass ich das
erstere thun konnte, ermöglichte mir die Liebenswür-

digkeit meines Collegen v o n W i e s e r, der mich nicht
nur durch mündliche Erörterung in Fragen der prähistorischen Archäologie belehrte, sondern meine Arbeit
ganz besonders dadurch förderte, dass er mir die Be-
nützung der in Anm. 1 erwähnten, inzwischen auch
im Druck erschienenen Abhandlung im Manuscripte
gestattete. In Hinsicht auf Kraniologie habe ich vor
sechs Jahren mich des kundigen Rates des Herrn Collegen M. H o l l zu erfreuen gehabt.

II.

Der Name ‚Raeti'.

Mag es auch kleinlich erscheinen, ein gewissen-
hafter Forscher hat selbst mit dem Buchstaben zu
rechnen, und so bleibt es auch uns nicht erspart, or-
thographische Kleinkrämerei zu treiben. Es ist heutzutage eine ausgemachte Thatsache, dass *Raeti* und
Raetia die durch inschriftliche und handschriftliche
Ueberlieferung am besten beglaubigte Schreibweise ist[6]),
während die früher gewöhnliche und auch heute noch
anzutreffende Schreibung *Rhaeti Rhaetia*, über welche
L. S t e u b in seiner Schrift „Zur Ethnologie der deutschen Alpen" S. 22 f. mit anmutender Laune sich aus-
lässt, auf die griechischen Quellen zurückzuführen ist.
Ist ja doch, wie wir aus den Angaben des Geographen
Strabon wissen[7]), der erste Schriftsteller des Altertums, welcher die 'Ραιτοί erwähnt, der griechische

Geschichtschreiber Polybios gewesen! Gleicher Weise
hat sich ja, wie bekannt, auch in dem von den Kelten
ausgehenden Namen des deutschen Rheines ein solches *h* widerrechtlich festgesetzt und sich überhaupt
gar nicht mehr aus der einmal eroberten Stellung ver-
treiben lassen. Die Schreibung *Reti Retia* ist ein Kind
spätlateinischer Verwechslung der beiden Laute *ae* und *e,*
die sich ausserordentlich häufig findet. Und der wackere
von Planta hätte sich nicht durch des Cassiodorius
im Anschlusse an diese fehlerhafte Schreibweise auf-
gebrachte Etymologie irreführen lassen sollen, derzufolge das als Bollwerk Italien vorgelagerte Alpenland
seinen Namen davon haben sollte, dass seine Thäler
„velut quaedam plagarum obstacula“, als „Fangarme“,
wie L. Steub sich ausdrückt, gegen die wilden Bar-
barenhorden des Nordens ausgebreitet seien. Immerhin
zeigt des gelehrten Cassiodorius volksetymologische
Deutekunst des Namens Raetia mehr gesunden Sinn,
als wenn man die beiden Namen *Raetia* und *Rhenus*
über einen etymologischen Leisten schlägt, wie dies
moderne Keltomanie fertig gebracht hat [8]), zumal wenn
in ganz oberflächlicher Weise eine angeblich keltische
Wurzel *rhe-* oder *re-* mit dem griechischen ῥέω in Zusammenhang gebracht wird, während doch die vergleichende indogermanische Sprachforschung *sreu- sru-* als
Wurzel des griechischen ῥέω erwiesen und seine Verwandten in air. *sruth* „Fluss“, *sruaim* „Strom erkannt hat.

Der Name Raeti, nach welchem die Römer das

durch den Feldzug der beiden Stiefsöhne des Augustus, Tiberius und Drusus, eroberte und zu einer Provinz eingerichtete Alpengebiet benannten [9]), ist, wenn er auch ursprünglich einem einzelnen Volke oder Stamme angehört haben wird (man vergleiche das lateinische Graeci, das ursprünglich vielleicht nur den griechischen Kolonisten aus Chalkis zukam, oder den Namen der Germani, der gewiss erst allmählich Gesammtname für alle Deutschen geworden ist, oder das französische Allemands und spanische Almanes) und so auch noch von römischen Schriftstellern nicht selten gebraucht wird, doch häufiger unstreitig als Sammelname für die Bewohner der Ostschweiz und des westlichen und südlichen Theiles des heutigen Tirol angewendet worden [10]). Im übrigen bildete gewiss jedes Hauptthal einen Gau für sich, und nahm für seine Bewohner einen eigenen Namen in Anspruch, wie am besten aus dem zu Ehren des Augustus errichteten bekannten tropaeum Alpium erhellt, auf welchem die Namen von vierzig rätischen und vier vindelikischen Völkerschaften verzeichnet sind [11]).

In ethnologischer Beziehung ist nach dem eben Gesagten, wie auch von Wieser in der mehrmals angeführten Abhandlung mit Recht bemerkt, mit dem Namen Raeti ebensowenig etwas anzufangen, wie mit dem heutigen Namen Tiroler, oder, um noch ein paar Beispiele anzuführen, mit dem alten Namen Norici, der von den Wohnsitzen entlehnt ist und den älteren Namen Taurisci verdrängt hat, wie mit dem

Namen Kärntner und Steirer. Denn wie die beiden
letztgenannten Namen sowol die deutsche als auch die
slovenische Bevölkerung der beiden Provinzen Kärnten
und Steiermark umfassen, also Sammelnamen sind,
ebenso kann der Name Raeti und muss auch, wie wir
sehen werden, gemeinsame Bezeichnung für eine Reihe
von Völkerschaften gewesen sein, welche in ethnologischer Beziehung keine Einheit, sondern eine Mehrheit
bildeten, wie sich durch unzweideutige Beweise von
verschiedenen Seiten herausstellt. Wenn wir auf römischen Grabsteinen lesen „natione Raetus", so ist dies
mit Rücksicht auf den neugebildeten ursprünglich geographischen Begriff Raetia begreiflich, aber von einer
urrätischen Bevölkerung, von einem urrätischen
Schädel zu sprechen [12]), ist vollkommen unstatthaft, da
durch solche Ausdruckweise die falsche Vorstellung erweckt wird, als hätte es jemals eine in ethnologischer
Beziehung einheitliche rätische Urbevölkerung gegeben.
Erfahren wir ja doch aus einer Stelle in Arrian's (bez.
Pseudo-) Taktik 44 [13]), dass die rätische Reiterei im
Gegensatze zur gotischen und keltischen angewiesen
wird, das Schlachtgeschrei in rätischer Sprache auszu-
stossen. Es waren also, wie man aus dieser Stelle
wol schliessen muss, unter den aus der Provinz Rätia
ausgehobenen Mannschaften verschiedensprachige Leute,
da ausdrücklich keltische und rätische Sprache unterschieden werden. Freilich was das Rätische für eine
Sprache war, ersieht man leider auch aus dieser Stelle
nicht. Die eben erwähnte Ausdrucksweise erinnert an

die oben besprochene Verwendung des Namens Raeti
im Sinne eines Einzelvolkes und möchte wol ein zu-
treffendes Analogon in der bekannten Eingabe in An-
gelegenheit der Zillerthaler Protestanten haben, in welcher von einer tirolischen Nation gesprochen
wird.

Solch' ungenaue, streng genommen, unrichtige Ausdrucksweise kann einer weniger scharfen Auffassung
zugute gehalten werden, zumal es sich in den angeführten Fällen nicht um eine wissenschaftliche, genaue
Begriffsbestimmung handelte. Hingegen muss es als
ganz unstatthaft bezeichnet werden, dass in einem wissenschaftlichen Werke so unklare Vorstellungen über
die Grundbegriffe unserer Frage herrschen.

Sind wir auch nach dem Gesagten zu dem Schlusse
gekommen, dass der Name *Raeti* in ethnologischer Hinsicht uns gar nichts sagt, so ist es gleichwol jetzt
unsere nächste Aufgabe, die Nachrichten, welche die
alten Schriftsteller über die Nationalität dieser Bevölkerung der Alpenländer uns hinterlassen haben, einer
Prüfung zu unterziehen [14]). Wenn ich soeben den Ausdruck Nationalität gebraucht habe, so bitte ich mir
denselben im Sinne der Alten zugute zu halten, da
wir ihn, streng genommen, wie sich aus den unmittelbar vorausgehenden Ausführungen ergibt, von unserem
Standpunkte aus nicht brauchen dürften.

III.

Die Raeter in Hinsicht auf ihre nationale Zugehörigkeit.

Nach der ausdrücklichen Angabe des römischen Geschichtschreibers T. L i v i u s aus Patavium (heutzutage Padua), dessen Heimat also sozusagen am Fusse des südlichen Abhanges der Alpen stand und, wie wir aus der örtlichen Lage schliessen dürfen, ihm auch Gelegenheit verschaffte, die Bewohner der südlichen Alpenthäler kennen zu lernen, waren die Alpenvölker, i n s- b e s o n d e r e die R ä t e r (auf diesen Gebrauch des Namens Raeti haben wir schon früher aufmerksam gemacht) desselben Ursprunges wie die Etrusker; nur seien ihre Sitten in den unwirtlichen Bergen verwildert, so dass eigentlich nur mehr die Sprache und auch diese nicht mehr in reinem Zustande, an ihre ursprüngliche Herkunft erinnerte [15]). Ehevor ich zu den weitern Nachrichten der alten Schriftsteller über die Verwandtschaft der Etrusker und Räter übergehe, sei es mir gestattet, durch Anführung einer Stelle aus dem Geographen Strabon den culturellen Zustand dieser Alpengegenden kurz zu schildern. „In diesem ganzen Bergland«, sagt Strabon, „gibt es zwar auch in der Hügelgegend gut zum Feldbau geeignete Striche und vortrefflich angebaute Thäler, der grössere Theil aber und zugleich das Hochland um die Bergkämme, wo jene räuberischen Völkerschaften sassen (von deren Un-

terwerfung früher gesprochen worden war), ist arm
und unfruchtbar wegen der Kälte der Luft und der
Rauheit des Bodens. Jene Räuber waren dadurch genötigt, die Bewohner der Thäler einigermassen zu
schonen, um noch Producenten und Lieferer von Nah-
rungsmitteln übrig zu lassen: sie boten für Lebens-
mittel in Tausch: Harz, Pech, Kien, Wachs, Käse,
Honig. Denn an diesen Dingen hatten sie auch im
Hochland Überfluss« [16]). Mag auch Strabon in etwas
düsteren Farben malen, jedenfalls war die Unsicherheit
an den Grenzen Oberitaliens gross und der Verkehr
in das Gebirge unter allen Umständen sehr gefährlich
und auch nicht sonderlich gewinnverheissend. Geregelte
Zustände traten erst durch die umfassenden Unter-
nehmungen unter Augustus ein, unter dem die Reichs-
grenze bis an die Donau vorgeschoben wurde.

Doch kehren wir nach dieser kurzen Abschweifung
wieder zu den Angaben der Alten über die Verwandtschaft der Etrusker und Räter zurück. Neben dem oben
angeführten Zeugnis des Livius stehen die Angaben
des Plinius [17]) und Justinus [18]), die augenschein-
lich auf dieselbe Quelle, nämlich auf Trogus Pom-
peius, zurückgehen, und vermelden, die Räter würden
für Abkömmlinge der Etrusker gehalten, die sich unter
Anführung eines gewissen Rätus nach ihrer Besiegung
durch die Gallier in die Alpen geflüchtet hätten.

Da um scheint mir mit letzterer Angabe, die übrigens auch Nissen als „minderwertig" erklärt, doch
zu scharf in's Gericht zu gehen [19]). Wenn man näm-

lich absieht von den nach bekannten Mustern erst später
abstrahierten Namen des Führers Rätus, der auch in
Tschudi's „Die vralt warhafftig Alpisch Rhetia«
(Basel 1538) eine bedeutende Rolle spielt, klingt die
Angabe von der Flucht der Etrusker aus dem Polande
gar nicht so unglaublich. Daum hat sich sicherlich nur
dadurch zu seiner scharfen Kritik der beiden Stellen
des Plinius und Justinus verleiten lassen, dass er sie
theilweise in Widerspruch stehend fand mit der von
ihm angenommenen Hypothese Niebuhr's, die auch
O. Müller zur seinen machte, derzufolge bekanntlich
das rätische Bergland die Heimat der Etrusker gewesen
sein sollte. Dagegen konnte die Livius-Stelle wenigstens zu Gunsten dieser Hypothese gedeutet werden.

Ich will hier zunächst noch nicht darauf eingehen,
das Verhältnis der beiden einander nicht gerade wider-
spréchenden Nachrichten, die sich aus dem römischen
Altertum über das Verhältnis der Etrusker und der
Alpenvölker erhalten haben, eingehend zu prüfen.
Nur dies betone ich ausdrücklich, dass Livius nur
einem Theile der Alpenvölker, dessen Ausdehnung
sich freilich mit unseren Mitteln nicht feststellen lässt,
gleichen Ursprung wie den Etruskern zuschreibt. Doch
muss hervorgehoben werden, dass das Band der Sprache,
aus deren Übereinstimmung Livius seinen Schluss auf
die gleiche Herkunft der Etrusker und Räter zieht,
auch ethnologisch ganz und gar unverwandte Völker
umschlingt (man erinnere sich beispielsweise an die
finnischen Bulgaren mit ihrer slavischen Sprache), so

dass also, die Richtigkeit der Angaben des Livius vorausgesetzt, immer noch die Nationalität der alten Räter nicht bekannt ist, da sie bei der Vermischung mit den zugewanderten Etruskern gar wol ihre Sprache aufgegeben und die der neuen Ankömmlinge, die auf höherer Culturstufe standen, angenommen haben könnten. Doch diese Frage möge einstweilen offen bleiben.

Aber einem Einwurfe, der von Seite der anthropologischen oder richtiger kraniologischen Forschung gemacht wird, muss an dieser Stelle begegnet werden. Dr. Tappeiner beschreibt in seinen schon früher erwähnten Studien zur Anthropologie S. 13 f. einen Schädel aus dem Grödenthale, dessen prähistorisches Alter durch drei Bruchstücke von alten zusammen mit ihm gefundenen Broncefibeln gesichert wird, „wovon ein Bruchstück von Professor Johann Ranke und Prof. Dr. Wieser sicher als vorrömisch mit dem Typus der Certosa-Fibel erkannt und bestimmt wurde.“ Dieser prähistorische Schädel ist „hyperbrachycephal und hypsicephal“ und nach Tappeiner ganz verschieden „vom Typus der alten ausgegrabenen Etrusker-Schädel“, welche er in den kraniologischen Museen von Bologna und Florenz gesehen hatte. Dies gilt ihm wol als „augenscheinlicher Beweis, dass die alten Rätier keine Etrusker waren.“

Wenn ich auch ganz davon absehe, dass nach meinen früheren Auseinandersetzungen schon an und für sich keine Berechtigung vorliegt, von einem prähistorischen Räter-Schädel zu sprechen und mich auch auf den

Standpunkt des Dr. Tappeiner stelle, so liegt doch meines Wissens nach dem gegenwärtigen Stande der anthropologischen Forschung überhaupt keine Nötigung, nicht einmal eine Berechtigung vor zu der Schluss-folgerung, die er gezogen hat. Denn einmal liesse sich anführen, dass die Ansichten der Anthropologen über Etrusker - Schädel überhaupt verschieden sind. Während der Begründer der neueren Kraniologie, A. Retzius, mit Bestimmtheit annehmen zu können glaubt, „dass die Etrusker Pelasger, sowie dass die Pelasger ein turanischer brachycephaler Volksstamm waren" [20]), und wol auf Grund dieser Annahme von Retzius auch Fr. Müller die Etrusker gleich den Rätern als „gentes brachycephalae orthognatae" be-zeichnet [21]), haben andere Anthropologen, Bär und R. Wagner, offenbar mit Rücksicht auf andere in etruskischen Gräbern gefundene Schädel, die entschie-dene Dolichocephalie aufweisen, den Etrusker-Schädel für dolichocephal erklärt. Also auch hinsichtlich des Etrusker-Schädels sind die Ansichten der Kraniologen getheilt.

Wenn ich nun auch davon absehe, dass ein ein-ziger Schädel doch niemals gestattet, einen Schluss auf die Allgemeinheit zu ziehen, selbst zugegeben, dass die von Tappeiner nachgewiesene Brachy- und Hyper-brachycephalie der heutigen Bewohner des Gröden-thales zu Gunsten seiner Hypothese spricht, sind wir doch nach den neuesten Ausführungen der Anthropolo-gen überhaupt nicht berechtigt, einen einheitlichen, rassenanatomischen Charakter der Völker Europa's anzunehmen. Es muss daher sowol bei den Etruskern. als auch bei den Rätern verschiedene Schädel-Typen gegeben haben, und es sind demnach die Ergebnisse der kraniologischen Forschung nicht geeignet für weitere ethnographische Combinationen [22]).

Nach den eben gegebenen Auseinandersetzungen sind wir also vollauf berechtigt, den von Dr. Tappeiner erhobenen Einspruch gegen die ethnographische Zusammengehörigkeit der Räter (man verzeihe der Kürze halber den eigentlich unrichtigen Ausdruck) und Etrusker als unbegründet zurückzuweisen.

Es wäre verlockend, gleich an dieser Stelle, nachdem dargethan ist, dass von Seite der Anthropologie keine Berechtigung vorliege, die von den alten Schriftstellern behauptete Verwandtschaft alpiner Völker mit den Etruskern in Abrede zu stellen, auf jenen vielbesprochenen Versuch der Deutung tirolischer Ortsnamen einzugehen, durch den L. Steub einen neuen durch mehr als zwei Jahrtausende erhaltenen Zeugen der Verwandtschaft auf den Kampfplatz rufen zu können glaubte. Allein es empfiehlt sich zunächst die vielumstrittene Frage nach der Herkunft des räthselhaften Volkes des Etrusker, soweit dies der augenblickliche Stand unseres Wissens erlaubt, zu beantworten, um so Anhaltspunkte zur Beurtheilung der Frage zu gewinnen, von welcher Seite dieses Volk in das Bergland der Alpen eingedrungen ist, und vielleicht dadurch auch

einigen Aufschluss zu erlangen über ihr Verbreitungsgebiet in den Alpenländern.

IV.

Die Etrusker.

Der Altertumsforscher von Halikarnassos, der
gegen Ende des ersten vorchristlichen Jahrhunderts zu
Rom seine zwanzig Bücher römischer Altertümer schrieb,
berichtet uns von den Etruskern, sie seien ein sehr
alter Stamm, der keinem anderen in Sprache und Sitte
gleiche [23]). In geradem Gegensatz zu diesem Gewährs-
manne des Altertums ist fast neunzehn Jahrhunderte
später ein deutscher Gelehrter, W. Corssen, der sich
um die Erforschung der Sprachen des alten Italien grosse
Verdienste erworben hat, auf Grund der sprachlichen
Analyse der zahlreichen, wenn auch zum weitaus grösseren Theile wenig umfänglichen etruskischen Inschriften zu dem Ergebnis gekommen, dass die etruskische
Sprache ein Zweig der altitalischen Sprachen im
engeren Sinne sei, zu welcher die beiden Gruppen der
lateinisch-faliskischen und die der oskisch-umbrischen
Dialekte gehören [24]). Nun könnte immerhin trotz der
Übereinstimmung in der Sprache vollständige Verschiedenheit in ethnologischer Hinsicht obwalten, allein auch
die sprachliche Verwandtschaft der Etrusker und Italiker, die, wie bereits angedeutet, W. Corssen in einem
aus zwei dicken Bänden bestehenden Werke vollkommen

festgestellt zu haben glaubte, ist von nachfolgenden
Forschern in heftigen Zweifel gezogen worden. Zwar
sein anfänglicher Gegner, W. Deecke, der in einer
wenig mehr als vierzig Seiten starken Kritik das ganze
künstlich aufgebaute Gebäude Corssens mit vernichten-
den Schlägen über den Haufen geworfen hatte, ist aus
einem Saulus ein Paulus geworden und nach einer
Reihe von höchst wertvollen Veröffentlichungen über
etruskische Sprache und Altertümer zur Überzeugung
gelangt, dass Corssen eigentlich doch im Rechte und
das Etruskische wirklich ein Glied des altitalischen
Zweiges der indogermanischen Sprachenfamilie sei [25]).

· Die mühevolle, kaum einen sichern Lohn verheis-
sende Beschäftigung mit der etruskischen Sprache hat
gerade nicht allzu viele Gelehrte angezogen, gleichwol
sind die wenigen, die sich ausser den genannten Gelehrten in das Studium dieser Sprache vertieft haben,
fast alle zu verschiedenen Ergebnissen ihrer Studien
gelangt.

Zwar hatte der Norweger S. Bugge, ein sehr viel-
seitiger und rastlos thätiger Forscher, der auf dem
Gebiete der verschiedensten Sprachen Proben seines
Scharfsinns abgelegt und auch in der nordischen My-
thologie den jedenfalls fruchtbaren Gedanken der Beeinflussung durch christliche Anschauungen und Vorstellungen sozusagen in Fluss gebracht hat, anfangs mit
Deecke übereingestimmt, wenn ihm auch das Etruskische
dem Griechischen näher zu stehen schien, als dem Italischen. Aber in seinen neuesten Arbeiten [26]) über die

etruskische Sprache ist er zur Überzeugung gelangt,
dass sie in nächster Verwandtschaft stehe zum Armenischen, das allerdings auch eine indogermanische
Sprache ist. Bugge zieht also die letztgenannte Sprache
in umfänglichem Masse zur Vergleichung heran, um
die dunkeln Räthsel des Etruskischen zu lösen. Und
in der That scheinen auf den ersten Blick manche Übereinstimmungen zwischen dem alten Etruskischen und
dem heutigen Armenischen in überraschender Weise in
die Augen zu springen, aber trotzdem ist es mit Rücksicht auf den zeitlichen Abstand der beiden Sprachen
zum mindesten äusserst bedenklich, sie in so nahe
Beziehung zu einander zu bringen, und dies noch dazu
ohne ausreichende Kenntnis der auf etruskischem Sprach-
boden geltenden lautlichen Gesetze. Auch der Laie
muss einsehen, dass man die heute üblichen Formen
einer lebenden Sprache nicht in unmittelbare Beziehung bringen darf zu denjenigen einer todten
Sprache, die uns nur aus ungefähr zwei Jahrtausende
alten Denkmälern bekannt ist. Das wäre ungefähr
ebenso, wie wenn wir unser jetziges Hochdeutsch in
unmittelbaren Vergleich bringen wollten mit dem alten
Sanskrit, das der berühmte altindische Grammatiker
Panini vielleicht schon mehr als zwei Jahrhunderte vor
unserer Zeitrechnung in ein wolgeordnetes System von
Tausenden von Regeln gebracht hat. Übrigens hatte
zuerst der Engländer R. Ellis in einem im Jahre 1861
erschienenen Buche [27]) den Gedanken einer engeren Verwandtschaft der etruskischen und armenischen Sprache

2*

ausgeheckt, und es darf auch nicht verschwiegen werden, dass ein italienischer Sprachforscher, C. Moratti,
ebenfalls schon vor Bugge das Armenische und mit ihm
auch das Albanesische zur Erklärung der etruskischen und
altitalischen Denkmäler überhaupt herangezogen hatte,
ohne nach meinem Ermessen damit mehr zu erreichen,
als den Schein grosser Gelehrsamkeit in sprachlichen
Dingen [28]).

Im nördlichen Spanien hat sich ein Völkersplitter
erhalten, abgezweigt vom altiberischen Stamme,
dem manche Ethnographen, mit Recht oder Unrecht
ist schwer auszumachen, eine grosse Verbreitung in
Alt-Europa zuschreiben. Es sind die Basken, ein
ruhiges Völklein, wenn sie nicht gerade durch kar-
listische Umtriebe in Aufregung versetzt sind. Auch
diesseits der Pyrenäen wohnt eine beträchtliche Anzahl
ihrer Stammesgenossen. Wie, wenn auch die alten
Etrusker von diesem Volksstamme losgesprengt wären
oder wenigstens ihre Sprache mit der baskischen in
irgend einer Beziehung stände? In der That hat
der früher erwähnte Engländer R. Ellis, dem bei
seiner armenischen Hypothese doch nicht recht wol
geworden zu sein scheint, neuerdings auch das Bas-
kische herangezogen, indem er nachzuweisen suchte,
„dass das Etruskische eine Mischsprache sei aus zwei
Elementen, deren eines mit den kaukasischen Sprachen
(georgisch u. s. w. nebst baskisch), das andere mit
dem Armenischen verwandt sei.« Jedoch auch auf
diesem Wege, der nach G. v. d. Gabelentz eine Art

Weltumsegelung geworden ist, ist nichts Haltbares
erreicht worden[29]).

Es blieb endlich einem Amerikaner D. G. Brinton
vorbehalten, über das mittelländische Meer hinüber zu
greifen und durch Vergleichung von etruskischen Götter-
namen mit heutzutage bei den Nachkommen der alten
Libyer in Nordafrika üblichen Bezeichnungen und durch
die Gegenüberstellung etruskischer Personennamen und
solcher, die grösstentheils dem Epos Johannis des
Afrikaners Corippus entnommen sind[30]), eine engere
Verwandtschaft des Etruskischen und Libyschen ans
Tageslicht zu förden. Auch diese neueste Entdeckung
hat durchaus nichts Überzeugendes.

Erwägt man, dass bereits in früherer Zeit (1842)
W. Betham das Etruskische aus der Sprache des
grünen Irland und J. G. Stickel (1858) auf Grund
veralteter, schon von dem grossen Leibnitz erschüt-
terten Ideen aus dem Hebräischen gedeudet hatte,
so möchte man wol zu ernstlichem Zweifel berechtigt
sein, ob es jemals gelingen werde, das Etruskische
einem bestimmten Sprachenkreise zuzuweisen.

Alle die eben erwähnten Versuche waren wenigstens zum Theil ohne Berücksichtigung geschichtlicher
Thatsachen von der bestimmten Voraussetzung ausgegangen, dass das Etruskische mit einem gewissen
Sprachenkreise verwandt sei, und hatten, fussend auf
diesem nicht zu rechtfertigenden Vorurtheil, die überlieferten Sprachreste des Etruskischen durch etymologische Combinationen zu deuten gesucht. Diesem

Standpunkte gegenüber hat C. Pauli, der sich seit
geraumer Zeit in eifrigster Weise der Erforschung der altitalischen Sprachen widmet und nach dem Erscheinen
von Deecke's Kritik mehrere Jahre zusammen mit diesem Etruskologen die Erklärung der etruskischen Denkmäler betrieben hatte, stets betont, dass man ange-
sichts dieser Sachlage bei der Entzifferung der etruskischen Inschriften auf Heranziehung irgend einer anderen Sprache von vorneherein verzichten und die
Sprache aus sich selber erklären müsse [31]).

Ob durch die von Brugsch in Agram entdeck-
ten, mit etruskischer Schrift bedeckten Mumienbinden,
welche im Jahre 1859 in das dortige Museum gekommen und vom Wiener Ägyptiologen J. Krall zur
Herausgabe bei der Akademie der Wissenschaften bereits eingereicht sind, die Deutung des Etruskischen
gefördert werden wird, vermag ich vorläufig noch nicht
anzugeben [32]).

Und so ist denn die ganze Frage im gegenwärtigen Augenblick auf dem Standpunkt, dass zwar eine
nicht unbeträchtliche Anzahl der auf den Inschriften
zum Theil völlig typisch vorkommenden Wörter (Sub-
stantive, Pronomina, Verba) unzweifelhaft richtig gedeutet ist, dass aber auf Grund des sicher gedeuteten
sprachlichen Materials durchaus kein bestimmender
Grund vorliegt, das Etruskische einem der bekannten
Sprachenkreise zuzurechnen. Zwar ist soviel gewiss, dass
es eine Reihe Lehnwörter aus den italischen Sprachen,
insbesondere aus dem Lateinischen aufzuweisen hat,

im übrigen aber erweckt sein Bau, soweit wir ihn bis
jetzt überblicken können, nicht den Eindruck, dass
das Etruskische eine indogermanische Sprache sei. Oder
wenn es seinem Ursprunge nach doch auf das Indogermanische zurückgehen sollte, müsste es durch lange
Berührung mit einem nichtindogermanischen Idiom die
von den übrigen indogermanischen Sprachen so sehr
abweichende Gestalt angenommen haben, in der es uns
vorliegt [33]).

Während man in der angedeuteten Weise vergebens
nach Verwandten der dunklen Sprache suchte, hat
wieder einmal der Zufall eine merkwürdige Rolle ge-
spielt.

Zwei Franzosen, G. Cousin und F. Durrbach, fan-
den auf der Insel Lemnos (jetzt Limno) einen Stein, der
das Brustbild eines Kriegers mit der Lanze in der
rechten und zwei Inschriften trägt, die sich offenbar
auf den Mann beziehen, dessen Brustbild auf dem
Steine dargestellt ist und aller Wahrscheinlichkeit nach
als Grabschrift aufzufassen sind. Das Alter dieser in
griechischen Buchstaben geschriebenen Inschrift lässt
sich mit Pauli ungefähr auf die Mitte des siebenten
vorchristlichen Jahrhunderts festsetzen. Ihr Wortlaut
weist im einzelnen unzweifelhafte Anklänge an's Etruskische auf, wie der Vergleich von *arai* etr. *araś*, *zivai*
etr. *zivas*, *ziazi* etr. *zia*, *zeronai zeronaiϑ* etr. *zeriuna*,
aviz etr. *avil*, für welch letztere beiden auch dieselbe
Bedeutung „Jahr" mit der grössten Wahrscheinlichkeit erschlossen werden kann. Von noch grösserer Be-

deutung sind die grammatischen Berührungspunkte
zwischen der Sprache der Lemnos-Inschrift und dem
Etruskischen; so z. B. entsprechen sich in der Bildung
ganz genau *holaiezi : φοkiasiale* und etr. *larϑiale :
hul'χniesi* (Genetive), so scheint das etruskische Lo-
cativsuffix -ϑ in den Wörtern· *naχoϑ* und *zeronaiϑ*,
das ableitende Suffix -*l* in *morinail*, wahrscheinlich von
Myrina, der einen Hauptstadt von Lemnos (man vergleiche etr. *truial* »Troianus«), desgleichen die etruskische postpositive Verbindungspartikel -*c* „et« vorzu-
liegen. Die Thatsache der Verwandtschaft der Sprache
dieser Lemnos-Inschrift und der etruskischen ist augen-
scheinlich und daher auch von allen drei Erklärern
der Inschrift, B u g g e, D e e c k e und P a u l i, zugestanden. Nur haben die beiden ersteren die ganze Inschrift
in ihrer Weise mit Zuhilfenahme der etymologischen
Methode erklärt und sind dabei, wie zu erwarten stand,
zu wesentlich verschiedenen Deutungen gelangt, während sich der letztere damit begnügte, auf die augen-
fälligen Übereinstimmungen mit dem Etruskischen hinzuweisen [34]).

Wenn nun auch zugegeben werden muss, dass die
Leute, welche unsere Lemnos-Inschrift der Nachwelt
hinterlassen haben, ein Idiom gesprochen haben, welches der etruskischen Sprache nahe verwandt war, so
erhebt sich doch andererseits die· ausserordentlich
schwierige Frage, welchem Volksstamme diese lemni-
schen Siedler angehört haben. Da ergibt sich denn
kaum eine andere Möglichkeit, als an die t y r r h e-

nischen Pelasger zu denken, welche nach dem
ausdrücklichen Zeugnisse des griechischen Geschichtschreibers Thukydides noch in historischer Zeit in
Lemnos ansässig waren. Aber wer waren diese Pelasger? Ihr Name wird in den verschiedensten Theilen des griechischen Festlandes und auf den Inseln
genannt, aber ihre geschichtliche Gestalt scheint so
verschwommen, dass von Seite der Historiker und
Sprachforscher die verschiedensten Urtheile über sie
gefällt worden sind. Ohne irgendwie Vollständigkeit
anstreben zu wollen, führe ich nur einige der über die
Pelasger vorgebrachten Ansichten auf. Die Sprachforscher Hahn, Benlöw und andere erklärten sie für
die Vorläufer der heutigen Albanesen, der Historiker
Kortüm und der Geograph Kiepert traten für das
Semitentum der Pelasger ein, während neuestens
Trendelenburg in ihnen die Träger der sogenannten mykenischen Cultur erkennen möchte. Der bekannte Sprachforscher Pott hat die Ansicht geäussert,
die Pelasger seien die Vertreter des urgeschichtlichen
Zustandes überhaupt und allgemeine Bezeichnung für
die älteste Bevölkerung von Hellas. Nach den Historikern O. Müller und Duncker stellen die Pelasger,
welche mit den Hellenen gleichen Stammes sein sollen,
nur eine frühere Entwicklungsstufe derselben dar. An-
gesichts dieser Meinungsverschiedenheiten, infolge deren
die Pelasger überhaupt Gefahr liefen, als gänzlich nebel-
und fabelhaftes Volk erklärt zu werden, ohne geschichtliche Wirklichkeit, was in der That geschehen ist,

nimmt die Frage durch den Fund der Lemnos-Inschrift eine wesentlich greifbarere Gestalt an: wenigstens wird sich nicht mehr in Abrede stellen lassen, dass die Pelasger Verwandte der Etrusker gewesen sind, die demnach nicht mehr vereinzelt in dem Kreise der Völker Europa's dastehen, wenn auch ihre Zugehörigkeit nur negativ bestimmt ist. Da nämlich weder das Etruskische, noch die Sprache der Pelasger auf Lemnos irgend eine Verwandtschaft mit dem Indogermanischen oder Semitischen aufweist, ist die Hypothese aufgestellt worden, dass sie eine eigene Sprachenfamilie bildeten, die einst über die westlichen Theile von Kleinasien, die Inseln des ägäischen Meeres und das eigentliche Hellas ausgebreitet gewesen sei. Insbesondere hat C. Pauli durch die Analyse der vorhandenen Orts- und Personennamen nachzuweisen gesucht, dass auch die Karer, Lykier und Lyder zum pelasgischen Stamme gehört hätten. Als eine Möglichkeit wird man dies immerhin zugeben müssen, wenn auch zwingende Gründe dafür nicht vorliegen.

Nachdem ich die vorstehenden Ausführungen längst niedergeschrieben hatte, habe ich erst die Schrift von Dr. E. Hesselmeyer „Die Pelasgerfrage und ihre Lösbarkeit" (Studien zur alten Geschichte I. Heft, Tübingen 1890) zur Hand bekommen, in welcher der Verfasser aus den Angaben der alten Schriftsteller über die geographische Verbreitung der Pelasger, mit denen er auch die Leleger identificiert, aus sprachlichen Gründen (hier im Anschluss an Pauli) und endlich

auch aus mythologischen Erwägungen (der Verfasser
führt den Mysteriendienst der Kabiren auf Lemnos,
Imbros, Samothrake nicht ohne Wahrscheinlichkeit
auf die Pelasger zurück) nachweist, dass die Pelasger ein eigener Volksstamm gewesen seien, welcher
vor dem Einrücken der Hellenen die nachmals von
diesen bewohnten Sitze auf der Balkalhalbinsel inne-
gehabt habe. Den Beweis für die einstmalige Existenz
der Pelasger als eines selbständigen, von den Hellenen
stammhaft und sprachlich verschiedenen Volkes halte
ich für erbracht, wenn ich auch keineswegs mit allen
Ausführungen im einzelnen mich einverstanden erklären
kann. Natürlich bringt der Verfasser auch das Verhältnis der Pelasger zu den Etruskern zur Sprache,
da er mit Recht die Beweiskraft der Lemnos-Inschrift
für die Verwandtschaft der beiden Völker anerkennt.
Er gelangt hiebei zu einem Ergebnis, das sich in der
Hauptsache mit unseren Ausführungen deckt. Es heisst
S. 127 f. der Schrift: „Die Pelasger waren mit den
Tyrrhenern (Etruskern) stammverwandt, und beide Völker stellen sich uns dar als die Reste eines weder indogermanischen, noch semitischen Urvolks, das sprachlich und ethnologisch zu classificieren wol niemals gelingen dürfte " ³⁵).

Auf Grund anderer Erwägungen sind wir demnach
zu einem Ergebnis gekommen, das einigermassen mit
Niebuhr's Hypothese zu stimmen scheint: dieser
hatte nämlich, wie bekannt, auch die Tyrrhener, nach
seiner Annahme die ältesten Bewohner des Landes,

das nachmals Etrurien hiess, für einen Zweig der
Pelasger erklärt, die er freilich irrtümlicher Weise
für die älteste Bevölkerung Italiens und Griechenlands
hielt, während doch Pelasger nur für Griechenland
bezeugt sind.

V.

Die Raeter und Etrusker.

Die Römer der augustäischen Zeit folgten der bekannten Tradition des Vaters der Geschichte, derzufolge die Etrusker aus Lydien in Kleinasien stammten
und von dort zur See nach Italien gewandert sein
sollten. Dieser Auffassung ist im Altertum der An-
tiquar Dionysios von Halikarnassos entgegengetreten,
der die Ansicht von dem Autochthonentum der Etrusker vertritt. Wenn sich auch die Forscher der neuesten
Zeit für diese Anschauung, die, wie oben erwähnt
wurde, in gewissem Sinne ja auch Niebuhr vertrat,
mit einer gleich zu erwähnenden Ausnahme nicht mehr
begeistern, so ist doch fast allgemein angenommen,
dass die Etrusker auf dem Landwege von Norden in
die italische Halbinsel eingezogen seien. Freilich ob
sie über die Alpen gestiegen, oder die breite Völker-
strasse gezogen sein mögen, an der in späterer Zeit
das mächtige Aquileia sich erhob, darüber ist eine
Einigung unter den Gelehrten nicht erzielt und auch
kaum zu erwarten. Geradezu genötigt zu der eben

besprochenen Annahme der Einwanderung von Norden
sind die Anhänger der Hypothese Niebuhr's und
O. Müller's, die in den rätischen Bergen die ursprüngliche Heimat der Etrusker sehen. Aber auch
nach den gewiss musterhaften Untersuchungen Helbig's[36]), die zweifelsohne sehr viel Bestechendes haben
und denen ich früher unbedingt beistimmen zu müssen
glaubte, sind die Etrusker den Italikern, die sicher
vom Norden her in die Halbinsel eingewandert sind,
unmittelbar nachgefolgt und haben nach ihnen in den
Pfahldörfern der Terramaren der Poebene ihre Wohnsitze gehabt. Andere Archäologen, wie F. von Duhn,
wollen diese Streitfrage, ob die Etrusker vor oder nach
den Italikern in Italien eingewandert seien, lieber vorläufig unerörtert lassen, da eine Lösung dieser Frage
auf wissenschaftlichem Wege zur Zeit nicht möglich
sei [37]).

Wenn es den zünftigen Archäologen derzeit an einem
zwingenden Beweismittel zur Lösung dieser Frage fehlt,
kann es selbstverständlich einem Nichtfachmann nimmer
in den Sinn kommen, sich ein entscheidendes Urteil an-
zumassen. Jedoch mag es immerhin gestattet sein zu
bemerken, dass gerade die neu entdeckte Lemnos-Inschrift doch mit einiger Wahrscheinlichkeit dafür spricht,
dass die Etrusker auf dem Seewege nach Italien gekommen sind. Sie müssten demnach ein Seeräubervolk
gewesen sein, das sich auf seinen Streifereien an den
Küsten Mittelitaliens festsetzte. Unentschieden bleibt,
trotzdem die Sache manchen Historikern für ausgemacht

gilt, ob die auf ägyptischen Denkmälern des 13. vorchristlichen Jahrhunderts erwähnten *Turša*, *Turuša*
oder *Turiša* mit unseren Etruskern identisch sind,
die in der That bei den Umbrern *Turskum numem*
(jünger *Tuscom nome*, soviel als lat. *nomen* in *nomen
Latinum*), bei den Römern *Tusci* (aus * *Tursci*, wie
poscere aus * *porscere*, vgl. ahd. *forscōn*), bei den Grie-
chen Tυρσ-ηνοί hiessen. Immerhin möchte ich die
Vermuthung, dass die Etrusker ein Seeräubervolk gewesen seien, noch für wahrscheinlicher halten, als die
von Pauli geäusserte, dass ein Zweig der tyrrhenischen
Pelasger von der Balkanhalbinsel aus die Donau auf-
wärts gewandert und von dort nach Italien gelangt sei.

Ich habe an der in den vorausgehenden Zeilen gegebenen Darstellung nichts geändert, obwol Hesselmeyer in der oben S. 26 angeführten Schrift eine ganz andere Ansicht über die Etrusker vorträgt. Er hält sie,
wie aus seinen S. 34 ff. aufgeführten Worten hervorgeht,
für ein „Urvolk“ und vertritt also in gewissem Sinne
die oben berührte Anschauung von dem Autochthonentum dieses rätselhaften Volkes. Dabei stützt er sich
in erster Linie auf die oben berühte Erwähnung der
Turuša auf ägyptischen Inschriften, neben welchen
auch die *Šardana* und *Šarakuša*, angeblich die Sar-
den und Sikeler, angeführt werden. Gerade dieser
letztere Umstand scheint ihm die Vermutung nahe zu
legen, dass die Turuša mit den Etruskern identisch
seien. Es darf aber nicht verschwiegen werden, dass
gewiegte Altertumsforscher, wie Eduard Meyer u. a.

gewichtige Gegengründe gegen diese Auffassung vorgebracht haben. Einige Litteratur hierüber ist bei
Hesselmeyer S. 35, anderes von Pöhlmann in J.
v. Müller's Handbuch der klassischen Altertumswis-
senschaft III, 364 verzeichnet. Jedenfalls darf auf diese
von Hesselmeyer so sehr betonte inschriftliche Erwähnung, die bereits für das 13. vorchristliche Jahrhun-
dert die Anwesenheit der Etrusker in Italien zu be-
zeugen geeignet sein könnte, kein solches Schwerge-
wicht gelegt werden, wie es H. thut. Aber auch die
weiteren Ausführungen H.'s sind nicht ohne Bedenken.
Er lässt die Etrusker, diese „Vickinger" des grauen Altertums, von Italien aus ihre Seeräuberzüge unternehmen
und sich an der lydischen Küste in der Stadt Tyrrha
festsetzen, von welcher sie den Namen Τυρσηνοί
oder Τυῤῥηνοί haben sollen. Ich will davon absehen, dass meines Wissens für jene Stadt nur die
Form Τύῤῥα bezeugt ist. Gewiss aber hat Crusius
recht, der in einer mir augenblicklich nicht zugänglichen von H. S. 37 angeführten Schrift sein Bedenken gegen die Annahme ausspricht, es sei von
einem so unbedeutenden Orte ein Name von so weit-
reichender Bedeutung ausgegangen. Kurz, wenn ich
die ganze Beweisführung H.'s überschaue, kann ich
mich des Eindrucks nicht erwehren, dass sie zwar
scharfsinnig ausgedacht, aber keineswegs zwingend ist.
Vor allem sind die Ergebnisse der archäologischen Forschung, auf welche H. mit Unrecht geringschätzend
herabsieht, gar nicht in Betracht gezogen, und doch

werden vielleicht gerade sie den Schlüssel zur Lösung der Frage abgeben. Zum mindesten steht das Autochthonentum der Etrusker, das uns freilich über manche Schwierigkeiten mit Leichtigkeit hinweghelfen würde, nicht auf festeren Füssen, als die Annahme, dass sie eingewandert seien, mag man auch auf die oben erwähnte Angabe Herodots kein grosses Gewicht legen und auch gelten lassen, dass die von O. Müller und nach ihm von Pauli hervorgehobenen Berührungs-punkte zwischen der etruskischen und vorderasiatischen Musik und auf dem Gebiete des Bauwesens nicht von erheblichem Belang sind, worauf Hesselmeyer a. a. O. S. 34 f. aufmerksam macht.

Nach der eben gegebenen Auseinandersetzung, die allerdings nur skizzenhaft ist, jedoch dem Zwecke dieser Arbeit in genügendem Masse entsprechen dürfte, halte ich mich für berechtigt, von der Annahme, dass die Etrusker das Urvolk von Italien gewesen seien, vorläufig noch absehen zu dürfen. Übrigens würde für unsern eigentlichen Zweck, die Paläo-Ethnologie des tirolischen Alpenlandes, um dessen willen wir ja die ganze etruskische Parabase eingeschaltet haben, das Ergebnis in diesem Falle dasselbe sein, wie wenn die Etrusker zur See ihre nachmaligen Wohnsitze erreicht und sich von diesen aus nordwärts nach dem Po und den Alpen ausgebreitet hätten.

Nach unserer früher gegebenen Darstellung haben sich drei Möglichkeiten hinsichtlich der Einwanderungsrichtung des etruskischen Volkes ergeben. Hier haben wir festzustellen, was sich mit Rücksicht auf jede derselben für die prähistorische Bevölkerung unseres Berglandes als schliessliches Ergebnis herausstellt.

Sollten jene Gelehrten Recht behalten, welche die Etrusker über die Alpen gelangt sein lassen, so steht natürlich nichts der Annahme im Wege, dass Angehörige dieses Volksstammes in den Bergen sitzen geblieben sind, von denen jener Theil der rätischen Alpenvölker, welcher sich des tuskischen, wenn auch verwilderten Idioms bediente, abstammte. Haben die Etrusker nicht über die Alpen, sondern längs des adriatischen Meeres ihren Weg nach Italien genommen, so können einzelne Ausstrahlungen auch in die nördlich gelegenen Berge erfolgt sein, wie wir dasselbe auch hinsichtlich des Volkes der Veneter nachzuweisen imstande sind. Und wie endlich, wenn die Etrusker zur See nach Italien gelangt sind? Dann müssen, worauf auch manche Fundthatsache zu weisen scheint, so das späte Auftreten von etruskischen Stücken in Felsina, von den Galliern Bononia genannt, auch wenn E. Meyers Hypothese hinsichtlich Marzabotto's nichts beweisen sollte [38]), die Etrusker allmählich nach dem Norden vorgedrungen sein. Auch in diesem Falle ist die Möglichkeit nicht ausgeschlossen, ja geradezu anzunehmen, dass sie in die Thäler Wälschtirols vorgedrungen sind und dortselbst Ansiedlungen gegründet haben. Das beweisen die verhältnismässig zahlreichen etruskischen Inschriften, die im südlichen Tirol gefunden worden sind [39]). Es sind dies aus früherer Zeit

eine Inschrift am oberen Rand eines Bronzegefässes,
gefunden bei Schloss Greifenstein (jetzt im Berliner
Museum), Inschrift einer Kriegerstatuette aus Bronze,
gefunden bei San Zeno, Inschrift eines Ornaments von
Bronze, gefunden in Dercolo, Inschrift einer Grabdeck-
platte, gefunden in der Nähe von Kaltern (jetzt im
Museum in Innsbruck), Inschrift eines Bronzeeimers,
gefunden am Berge Caslyr im Cembrathal (jetzt im
städtischen Museum zu Bozen). Dazu ist in neuester
Zeit noch eine nicht unbeträchtliche Anzahl von Inschriften in etruskischer Sprache gekommen, die bei
den Ausgrabungen in Meclo im Nonsberge zu Tage
gefördert wurden. Dazu kommt noch aus Nordtirol
eine Inschrift eines Bronzehandgriffs, der in dem prähistorischen Friedhofe in Matrei gefunden wurde und
jetzt im Museum in Innsbruck aufbewahrt wird. Es
unterliegt nicht dem geringsten Zweifel, dass die eben
erwähnten Inschriften des südlichen Tirol von einer
bodenständigen Bevölkerung herrühren müssen. Und
diese kann eben nur eine e t r u s k i s c h e gewesen sein.
Auch die Situla von Moritzing, deren Ornamentik allerdings dem venetischen Culturkreise angehört, weist an
zwei Stellen Schriftzeichen auf, die dem nordetruskischen Alphabet von Tirol angehören. Allerdings lässt
sich natürlich nicht bestimmen, ob die Situla, welche
nach von Wieser in den Anfang des vierten Jahrhunderts gehört, diese Schriftzeichen von Anfang an ge-
tragen hat, oder ob diese, was mich fast wahrscheinlicher dünkt, erst später eingeritzt worden sind. Im

ersteren Falle wäre diese Situla meines Wissens das
älteste Fundstück mit Schriftzeichen, da wenigstens
nach Pauli die übrigen Inschriften frühestens erst um
260 v. Chr. angesetzt werden dürfen. Auch Deecke
hat sich durch diese Funde veranlasst gesehen, einzu-
räumen, dass im Stromgebiet der Etsch zwischen Trient
und insbesondere in den Nebenthälern, dem Val di
Cembra und Val di Non „Wohnsitze und Gemeinden von
echten Etruskern" vorhanden gewesen sind. Ich führe,
obwol dies eigentlich über das von mir gesteckte Ziel
hinausgreift, der Vollständigkeit halber an, dass dasselbe
auch vom Valtelin an der Adda, von der Gegend um Son-
drio und Lugano im südlichen Tessin gilt. Auch für diese
Gebiete ist durch inschriftliche Funde das Vorhandensein einer sesshaften Bevölkerung etruskischer Nationalität bezeugt, was in Anbetracht der grossen Nähe
auch für Tirol nicht ohne Bedeutung ist. Sowie Deecke
hat sich auch Pauli, der früher „an Etrusker in Rätien
nicht recht glauben" mochte, durch die Ergebnisse
seiner Erforschung der etruskischen Inschriften Tirols
zu dem Zugeständnisse herbeilassen müssen, dass wirklich etruskische Bevölkerung in den berührten Theilen
Tirols ansässig gewesen sein müsse. Und diese etruskische Bevölkerung war sicher auch die herrschende.
Das zeigt der Grabstein von Pfatten, dessen gallische Namen nach „Lautstand und Flexion etrus-
kisierend" sind [40]). Die Ausbreitung dieser etruskischen
Bevölkerung genau zu umgränzen sind wir bei der
Lückenhaftigkeit des überlieferten Materials ausser

Stande; wir können nicht einmal mit voller Sicherheit
behaupten, dass Matrei im Wipthal, die Fundstätte
des oben erwähnten Bronzegriffes, eine Niederlassung
der Etrusker gewesen sei, da ja das betreffende Fund-
object natürlich auch durch den Handel dorthin gelangt sein kann. Oder sollte vielleicht der Umstand,
dass die Friedhöfe von Matrei und Sistrans neben den
die Regel bildenden Leichenbrandgräbern auch verein-
zelte Skeletgräber aufweisen für die Anwesenheit einer
etruskischen Bevölkerung sprechen, da bekanntlich diese
letztere Bestattungsweise auch bei den Etruskern in
ihrem Hauptlande in Italien üblich war? Dabei ist ja
freilich nicht zu übersehen, dass die Leichenbeerdigung
keineswegs eine ausschliessliche Nationaleigentümlich-
keit der Etrusker war. Aber in Verbindung mit dem
oben erwähnten Funde dürfte man vielleicht berechtigt
sein, das Vorkommen von Leichenbestattung in der
angegebenen Weise zu deuten.

Ganz sicher aber steht fest, dass die Urnenfried-
höfe von Völs, Hötting, Sonnenburg in der Nähe von
Innsbruck und in weiterer Entfernung die von Wörgl
im unteren und von Imst im oberen Innthale, welche
alle aus derselben Zeit — ungefähr der Mitte des
ersten vorchristlichen Jahrtausends — stammen, vorläufig noch gar keine sicheren Anhaltspunkte zur Be-
stimmung der Nationalität der Bevölkerung bieten,
welche diese Friedhöfe einst angelegt hat.

Die Annahme, dass auch diesseits des Brenners,
wenigstens in den Hauptthälern, eine etruskische Be-

völkerung sesshaft gewesen sei, hat man vornehmlich
durch den Hinweis gestützt, dass der Brenner eine
uralte Handelsstrasse zwischen Süden und Norden gewesen sei, auf welcher das Volk der Etrusker die Erzeugnisse seiner Fabriken und Werkstätten den Völkern des inneren Europa übermittelt habe. Und in
der That erhellt das Alter dieses Weges, von dem
wahrscheinlich schon Polybios Kunde hatte (vgl. Anm. 7),
auf dem die Cimbern nach der Angabe des Geschichts-
schreibers Florus nach Oberitalien zogen (*„Tridentinis
iugis"*), „aus zahlreichen zufällig an der Passstrasse
und in ihrem baierischen Mündungsgebiete gemachten
Funden." Gleichwol werden wir F. von Duhn darin
Recht geben müssen, dass der etruskische Tauschhandel über den Brenner von sehr geringer Bedeutung
gewesen sei und überhaupt durch den Einbruch der
Gallier gänzlich unterbrochen werden musste 41).

Die im Süden des Landes gefundenen Münzen weisen nach dem Westen 42), nach Massalia, welches
das eigentliche Emporium für die Völkerschaften Gal-
liens und der Alpengebiete war, und nach dem Osten
nach Makedonien. Freilich, ob, wie v. Duhn meint,
alle Erzeugnisse etruskischen Kunstfleisses und Ge-
werbes durch Vermittlung Massalia's ihren Weg nach
den nördlichen Gegenden gefunden haben, möchte vielleicht wol bezweifelt werden dürfen.

Diese etruskische Bevölkerung, welche sicher im
südlichen Theile des Landes hauste, sprach nach dem
Zeugnis der Inschriften eine Mundart, die von dem im

eigentlichen Etrurien gesprochenen Dialekte in manchen Punkten abwich. Auch Besonderheiten des nordetruskischen Alphabetes im engeren Sinne verzeichnet
der neueste Erforscher dieser Inschriften, der auch beobachtet hat, dass die Alpenetrusker in zwei Gruppen
zerfallen, in eine westlich vom Gardasee bis nach Son-
drio sich ausbreitende, die ein eigenes Alphabet und
gallische, beziehungsweise lepontische Namengebung
hatte, und in eine östliche, der unsere tirolischen
Etrusker angehörten. Der Umstand, dass diese Gruppe
in dem Namensystem vollständig mit dem ihrer Stammesgenossen in Bologna und im eigentlichen Etrurien
übereinstimmt, hat Pauli wol mit Recht zu dem Schlusse
geführt, dass in ihnen die Überreste jener durch die
Gallier versprengten Etrusker zu erkennen sind, von
denen Plinius und Justinus berichten. Die erste Gruppe
müsste sodann, wenn ihre Stammväter zur See an
Italiens Gestade gelangt sein sollten, schon in bedeutend früherer Zeit, nämlich damals, als die Etrusker
überhaupt in die Poebene einrückten, in's Gebirge vorgedrungen sein.

VI.

L. Steub's etruskische Namenhypothese.

Nachdem nunmehr an der Hand der geschichtlichen
Quellen und der Fundthatsachen festgestellt ist, wie
weit die Ausbreitung der Etrusker in den Alpen nach

aller Wahrscheinlichkeit gereicht haben kann, ist es an
der Zeit, auf jene Hypothese einzugehen, deren wir
bereits oben im Vorbeigehen gedacht haben, nämlich
auf die Steub'sche Deutung tirolischer Ortsnamen
aus dem Etruskischen [43]). Unser baiuwarischer Lands-
mann, dem es unsere Berge mit schier magischer Ge-
walt angethan hatten, hat zuerst in seiner Schrift „Die
Urbewohner Rätiens und ihr Zusammenhang mit den
Etruskern", (München 1843) eine, wie er später selbst
zugestanden hat, verunglückte Theorie der Erklärung
tirolischer (rätischer) Ortsnamen entwickelt, indem er
scheinbar nach gewissen Gesetzen, in Wirklichkeit aber
in rein willkührlicher Weise angebliche Grundformen
construierte, die etruskischen Namen ähnlich waren,
wie z. B. *Thusuturusa* (Tosters), *Vulamunusa* (Fleims),
Vulaturunusa (Velthurns). Besser als mit solchen rein
willkührlich construierten Namen stand es mit jenen,
die an einen etruskischen Orts- oder Personennamen
anknüpften. Wie würde es z. B. Steub in den Kram
gepasst haben, wenn er auf den Gentilnamen *umranas*
umranei, um von dem zweifelhaften *umres*, wofür auch
upmres gelesen wird, abzusehen, aufmerksam geworden
wäre. Hätte sich ja in ihm das Urbild von A m r a s,
im Volksmunde *Omeras Umeras*, ersteres aus älterer
Zeit, z. B. in den Urbaren Meinhard's II. in der Form
Omeraz belegt, ganz und gar nicht verkennen lassen.
In einer zweiten Schrift, die den Titel führt „Zur
rätischen Ethnologie" (Stuttgart 1854) ist Steub zum
Theil von seiner früheren Willkühr zurückgekommen

und hat vor allem dem Romanischen mit Recht eine
weitaus grössere Rolle bei der Deutung der rätischen
Ortsnamen zugetheilt, doch werden noch viele Namen
aus dem Etruskischen erklärt. Im Gegensatze zu Steub
hat Chr. Schneller von seinen ersten auf Namenkunde bezüglichen Arbeiten an, so in den Streifzügen
zur Erklärung tirolischer Ortsnamen (Sonderabdruck
aus dem Tiroler Boten v. J. 1870, S. 11) bis zu dem
im Jahre 1890 erschienenen Buche „Tirolische Namenforschungen", das sich allerdings zunächst nur mit den
Namen des Val Lagarina oder Lagerthales beschäf-
tigt, aber auch aus dem übrigen Tirol ein sehr um-
fängliches Material heranzieht, den Standpunkt vertreten, dass zur Erklärung der Tiroler Ortsnamen nur
die romanischen und deutschen Mundarten heranzu-
ziehen seien. Auch Dr. Buck, der verdienstvolle Na-
menerklärer, hat in der Alemannia Bd. XII. S. 289
die Ansicht ausgesprochen, dass die rätischen Orts-
und Flurnamen in ihrer Gesammtheit aus dem Lateinischen oder Romanischen ihre Erklärung finden
werden.

Wenn man nun auch zugeben muss, dass die Römer und insbesondere später die Germanen verschiedene
Theile des Landes in dichteren Scharen besiedelt haben,
so ist doch auch die Thatsache geschichtlich beglaubigt,
dass in den oben von uns näher umgränzten Theilen
eine etruskische Bevölkerung gehaust habe. Dass diese
bodenständige Bevölkerung die örtlichen Bezeichnungen
ihrer Sprache entnehmen musste, liegt auf der Hand.

Nun widerspricht es aber ganz und gar den Thatsachen der Geschichte der Ortsnamen, dass die einmal
vorhandenen Ortsbezeichnungen ohne weiteres gänzlich
verschwinden, sondern sie überdauern sogar den Wechsel
der Bevölkerung, wenn sie sich auch vielfach in for-
maler Hinsicht an die Sprache der neuen Besiedler
oder Eroberer anschliessen und namentlich manchen
Verballhornungen durch das wunderliche Spiel der
Volksetymologie ausgesetzt sind. So wird es meines
Erachtens kaum anders möglich sein, den Ortsnamen
Larzena zu erklären, als durch * *Lartiena*, (sc. *prae-
dia*), das schon P. Orsi, wie ich glaube, mit Recht,
an den etruskischen Namen *larϑ* angeknüpft hat [45]).
* *Lartienus* ist latinisiert nach dem Muster der lateinischen von Eigennamen abgeleiteten Bildungen auf
-*ēnus, Labienus, Lucienus,* und *Larzena* bekanntermassen die regelrechte Weiterentwicklung im Italienischen,
wie beispielsweise *Manzana Ranzo*, die auf * *Mantiana*
* *Rantio* zurückgehen. Auch *Sedriago* bringt Orsi meines Erachtens mit Recht mit dem etruskischen Personennamen *seϑri* oder *seϑre* in Zusammenhang; die
Bildungen, wie * *Setriacus*, worauf natürlich *Sedriago* zu-
rückführt, sind im Gallo-italischen ganz gewöhnlich. Ich
habe ohne systematische Nachforschungen halten zu
können, diese zwei Beispiele aus P. Orsi's *Saggio di
toponomastica Trentina* herausgegriffen, die mir deutlich genug ihre etruskische Herkunft zu zeigen scheinen.
Wer möchte in Abrede stellen, dass dies auch in anderen Gebieten möglich sei? Und so hat denn auch

C. Pauli[46]), nachdem er die im Bozner Alphabet geschriebenen Inschriften wirklich als etruskisch erkannt
und wenigstens zum Theil auch gedeutet hatte, die
Namen *Lavis, Ladurn, Velturns* für etruskisch erklärt.
Wenn er bezüglich des erstgenannten an Zusammenhang mit *laviseś*, wie das erste Wort auf dem Eimer
von Caslyr heisst, gedacht und in diesem eine Stütze
für seine Deutung gefunden hat, so hat er dabei übersehen, dass eine ältere nachweisbare Form des Namens
Nevis ist [47]). Freilich könnte man doch noch an ein Ne-
beneinander der Formen * *Navis Lavis Nevis* glauben,
wenn man bedenkt, dass spontaner Austausch von *l*
und *n* im Volksmunde stattfindet, auch ohne durch
Dissimilation hervorgerufen zu sein, und dass *a* und *e*
auch nicht selten in der handschriftlichen Überliefe-
ferung wechseln, wie dies gerade auch bei *Velturns*
und *Valturns* der· Fall ist. In der That heisst das
auf den Karten unter der Form *Navis* erscheinende
Thal, welches bei Deutsch-Matrei in das Wipthal
mündet, im Volksmunde *Lavis*. Jedoch fällt es mir
gar nicht ein, hierauf ein Gewicht zu legen, ich glaube
aber doch durch meine Auseinandersetzungen die Möglichkeit dargethan zu haben, dass vielleicht zufälliger
Weise früher bezeugtes *Nevis* und *Lavis* eines Ursprungs sein könnten. Freilich klingt mir Orsi's Vermutung wahrscheinlicher, dass *Lavis* aus *L'Avisio* ab-
gekürzt sei. Das zweite oben erwähnte *Ladurn* (Name
eines Hofes bei Meran) knüpft Pauli an den auf der
Krieger-Statuette aus St. Zeno belegten Personennamen

la(r)tur an. Endlich den dritten Namen *Velturns* älter
Velturnes, welchen Steub seiner Zeit mit *Vulturnus*
und *Vulturnum* in Campanien zusammengebracht hatte,
erklärt Pauli als Genetiv des etruskischen Gentilnamens
velϑurna. Dagegen hat Chr. Schneller[48]) wegen der
gleichfalls, aber keineswegs als älter nachgewiesenen
Form *Valturnes* den Namen als *val de turnes* „ge-
wundenes Thal" gedeutet und nach mir persönlich
freundlichst gemachten Mittheilungen durch die Ört-
lichkeit zu rechtfertigen gesucht. Es schien mir eine
nicht undankbare Aufgabe, diese Grundsäule rätischer
Namendeutung für das Etruskische zu retten und ich
habe dies auch versucht[48]). Wenn sich auch ein
zwingender Beweis kaum führen lässt, so wird man
doch zugeben müssen, dass die Ableitung aus dem
Etruskischen mindestens ebenso gut möglich ist, wie
die aus dem Romanischen. Ein etruskisches * *velϑurnes*[49]) musste sich im Munde der darauffolgenden gallo-
italischen Bevölkerung ohne weitere Änderung behaupten. Den Deutschen ist der Name aber erst zu einer
Zeit bekannt geworden, wo die Lautverschiebung bereits vollendet war, und daher stand der unveränderten
Herübernahme des Namens *Velturnes* mit der bekannten Synkope *Velturns* (man möchte sonst * *Velzurns*
erwarten) nichts im Wege. Gerade so ist *monticulus*
in der Form *Montigl* (der grosse und kleine See bei
Kaltern), * *valleticula* in der Form *Valtigl* ins Deutsche
übergegangen. Die oben genannte Nebenform *Valturnes*
könnte auch wol als volksetymologische Umdeutung

der romanischen oder romanisierten Bevölkerung aufgefasst werden, wie das kirchenlateinische „*campus ad
turrim*", das neue „Feldthurns". Nach dem Gesagten glaube ich daran festhalten zu dürfen, dass
unser Ortsname ein uralter Zeuge der einstmals in
diesen Gegenden sesshaft gewesenen Etrusker sei, deren
Anwesenheit in nicht allzugrosser Entfernung von dieser Gegend durch die oben aufgeführten inschriftlichen
Funde bewiesen wird. Also geben wir dem Etruskischen, was des Etruskischen sein k a n n! Die Herren
Romanisten und Germanisten brauchen ohnehin nicht
zu fürchten, dass ihnen zuviel entzogen werden wird.

Auf weitere Suche von etruskischen Namen zu
gehen, liegt ausserhalb des mir zunächst gestellten
Zweckes, und wäre bei dem gegenwärtigen Stand der
Tiroler Namenforschung auch nicht möglich. Was ich
darthun wollte, glaube ich auch jetzt schon gezeigt zu
haben, nämlich dass sich etruskischer Einfluss auf die
Namengebung auch heute noch in Ortsnamen jener
Gegenden erkennen lasse, welche nachweisbarermassen
eine etruskische Bevölkerung gehabt haben. Damit ist
aber allerdings durchaus nicht gesagt, dass ich Steubs
Hypothese, die ich früher in weitem Umfange annehmen zu müssen glaubte, auch jetzt noch in demselben
aufrecht erhalte. Vielmehr wird sich im folgenden Abschnitt mit Sicherheit herausstellen, dass für das Gebiet vom Brenner nordwärts und für das Innthal vorläufig noch kein s i c h e r e r Anhaltspunkt gegeben ist
zu Deutung der Ortsnamen aus dem Etruskischen.

Übrigens wird mir noch im Schlussworte Gelegenheit geboten sein, den Standpunkt genauer zu bestimmen, welchen nach meinem Dafürhalten die tirolische Namenforschung einnehmen soll, und wodurch sie ganz entschieden Erspriessliches auch für die Paläo-Ethnologie von Tirol leisten kann.

VII.

Die Illyrier.

Von dem auf dem Tropäum Alpium verzeichneten rätischen Völkerschaften waren auf tirolischem Boden ansässig zunächst die *Venostes* [50]). An sie erinnert bekanntlich noch heutzutage der Name Vinstgau (nach tirolischer Aussprache Vintschgau und vielfach auch so geschrieben), aus dem gelehrte Deutelei füherer Zeit *vallis venusta* gemacht hat. Am Eisack wohnten die *Isarci* [51]). Um den Brenner, von Strabon Ἀπέννινος genannt [52]), und von dort nordwärts hatten die *Breuni* ihre Wohnsitze, und an diese schlossen sich wieder in nördlicher Richtung nach den Angaben des Geographen Ptolemaios die *Caenaunes* [53]), mit denen also Valgenein bei Sterzing nichts zu thun haben kann. Nachbarn der eben erwähnten *Caenaunes,* deren Wohnsitze im Innthal gelegen waren, sind die *Focunates* gewesen. Zu diesen rätischen Völkerschaften, welche in den angegebenen Theilen von Tirol ihre Heimstätten hatten, kommt noch der Stamm der *Vennonetes,*

die nach Zeuss identisch sind mit den Οὐέννονες
des Ptolemaios, den *Vennonenses* des Plinius und Strabon's Οὐέννωνες[54]). Sie wohnten nördlich von Chur
bis an den Bodensee.

Was die Nationalität der eben aufgezählten räti-
schen Völkerschaften auf dem Gebiete des heutigen
Tirol anlangt, so erfahren wir Genaueres nur über die
Breuni und *Caenaunes*, die der Geograph Strabon als
Illyrier bezeichnet[55]). Mag auch die Erklärung dieser
Stelle durch Zeuss[56]) richtig sein, dass die Römer,
als sie vom Brenner in's Innthal hinabstiegen, der
Meinung waren, auf dieser Seite nach Illyrien hinabzukommen, so sehe ich doch keinen hinlänglichen Grund,
warum deshalb seiner Angabe, dass die *Breuni* und
Caenaunes Illyrier gewesen seien, Misstrauen entgegen-
zubringen wäre. Warum sollten die Römer, die doch
mit illyrischen Stämmen so häufig in Berührung kamen,
die Nationalität der beiden Stämme nicht erkannt haben?
Ja findet nicht unter dieser Voraussetzung die oben
erwähnte Auslegung der Strabon-Stelle durch Zeuss
erst ihren unentbehrlichen Anhaltspunkt? Eben die
Wahrnehmung, dass sie auf Völker i l l y r i s c h e r Zunge
stiessen, erweckte in den Römern die Vorstellung,
dass es nunmehr in's i l l y r i s c h e Land hineingienge.
Mag auch früher auf diese Angabe Strabon's kein Gewicht gelegt, ja dieselbe sogar absichtlich bei Seite
gelassen, oder als irrig bezeichnet worden sein, sie ist
doch von wesentlichem Belange, worauf meines Wissens
zuerst von dem Verfasser in jenem Vortrage aufmerk-

sam gemacht wurde*). Vornehmlich ist es der Name
der *Breuni,* der an dem der unzweifelhaft illyrischen
Breuci in Pannonien eine kräftige Stütze findet [57]),
durch welche die Angabe Strabon's eine willkommene
Bestärkung .erhält. Die Illyrier, welche nach Tirol vordrangen, haben höchst wahrscheinlich demselben Stamme

---

*) Während des Druckes dieser Arbeit erfuhr ich ge-
sprächsweise von meinem verehrten Collegen J. Jung, dass
Mommsen die oben besprochene Strabon-Stelle anders
interpretiere. Er beziehe sie auf die Zollgränze, und so
erkläre sich der Zusatz ‚ἤδη τούτων Ἰλλυριῶν.‘ Ich habe
in den mir bekannten und zugänglichen Schriften Mommsen's vergeblich nach jener Stelle gesucht, an welcher etwa
die eben erwähnte Erklärung sich finden könnte. In der
Abhandlung ‚Die Schweiz in römischer Zeit‘ (Mittheilungen
der antiquarischen Gesellschaft in Zürich IX, II, 1) S. 8
Anm. wird unter Verweisung auf Appian Illyr. 6 hervorgehoben, dass Rätien zum Steuerbezirk Illyricum gehört
habe, und CIL. III. 707 bemerkt Mommsen, dass in Säben
und bei Partschins illyrische Zollstationen gewesen seien.
Dagegen bemerkt Marquardt Römische Staatsverwaltung
1, 141 N. 4 ausdrücklich, dass die Angabe des Appian hinsichtlich der Zugehörigkeit von Rätien zum Steuerbezirk Illyricum unrichtig und mit der sonstigen Überlieferung im
Widerspruche sei. Nur Noricum sei zum Steuerbezirk Illyricum gezogen worden, während Rätien zu Italien gehört
habe. Unter diesen Umständen glaube ich auch jetzt noch
berechtigt zu sein, die Angabe Strabon's auf die Nationalität der Breuni und Genauni zu beziehen, wie es oben
im Texte geschehen ist und durch die anderen dort bei-
gebrachten Gründe gewiss sehr wahrscheinlich gemacht
wird.

angehört, der unter dem Namen *Veneti* das nach ihnen
benannte Land in Besitz genommen hat. Von diesen
Venetern fabelten die Alten, verführt durch die Doppel-
form 'Ενετοί ihres Namens, sie seien unter Führung
des Trojaners Antenor nach Beendigung des trojani-
schen Krieges aus Kleinasien nach Italien gekommen,
eine Mähr, die wenigstens in einem der neuesten eth-
nographischen Werke über Oberitalien nicht wieder
hätte vorgebracht werden sollen[58]). Denn schon Herodot
bezeichnet die Veneter als Angehörige des illyrischen
Stammes[59]), und diese Angabe hat durch die jüngst
in Druck erschienenen Untersuchungen der Veneter-
inschriften durch C. Pauli entschiedene Bestätigung
erfahren[60]).

Ohne Zweifel sind die Illyrier durch das Pusterthal, das doch wol kaum von illyrischen Besiedlern
seinen Namen erhalten hat[61]), nach Tirol gekommen.
Venetische Ausstrahlungen haben auch in die kärntnerischen Berge stattgefunden, wie wir durch die Ausgrabungen von Gurina im oberen Gailthale mit ihren
inschriftlichen Resten und durch die Inschriften von
Würmlach wissen[62]). Durch das obere Gailthal sind
unsere venetischen Illyrier wol auch in's Drauthal gelangt, um von dort den durch die Natur vorgezeich-
neten Weg nach dem Herzen des Landes anzutreten.

Der unmittelbarste Zeuge für die Anwesenheit der
Veneter im Südosten von Tirol ist der Grabstein am
Monte Pore in Buchenstein[63]). Einen weitern
Zeugen glaubte Pauli in dem Namen des Berges „Ve-

nediger« gefunden zu haben (*mons Veneticus) 64), den
der Volksglaube allerdings mit der späten Enkelin des
alten venetischen Volkes in Verbindung gebracht hat,
mit dem schönen Venedig. Ich habe dann auf den
Venet-Berg aufmerksam gemacht, der zwischen Imst
und Landeck liegt und neuerdings auch von Pauli als
ein *mons Venetus gedeutet wird 65).

Es ist weiter nicht ausser Acht zu lassen, dass der
Bodensee lacus Venetus heisst, so dass es den Anschein
gewinnt, als ob die illyrischen Veneter bis dorthin
vorgedrungen wären. Auch habe ich in jenem Vortrage vermutungsweise geäussert, dass die mit Ven-
anlautenden Namen der rätischen Stämme der Venostes
und Vennonetes mit den Venetern auch in ethnologischen Zusammenhang gebracht werden könnten 66).
Jetzt glaube ich noch als verstärkendes Moment hinzu-
fügen zu können, dass die Bildung des Namens Venostes dieselben suffixalen Elemente -st- zeigt, wie der
Name der illyrischen Pirustae oder Perustae, und wie
sie auch, worauf Pauli aufmerksam macht, in der Bildung der illyrischen Städtenamen Ateste, Tergeste und
des Namens der Insel Ladesta zur Verwendung kommen. Es ist weiter von Pauli mit Recht als höchst
wahrscheinlich bezeichnet worden, dass die Ortsnamen
Sublavio, Scarbia und Partanum und der Flussname
Dravus illyrisch sind. Hingegen möchte ich Brigantium
trotz des pannonischen Bregetio lieber den keltischen
Vindelikern überlassen, wofür ja auch der gleichnamige
Stadtname im narbonensischen Gallien und der Name

Stolz, Urbevölkerung.   4

der keltischen *Brigantes* in Britannien zu sprechen scheint. Und auch dass *Licus* illyrisch ist, bleibt trotz des *Licus* im Gailthal unsicher. Übrigens reimt auch *Aguntum (Aguontum)* auf *Carnuntum, Salluntum* in Dalmatien, sicherlich illyrische Städte, wenn auch allerdings derselbe Ausgang in den unteritalischen Städtenamen *Butuntum* und *Hydruntum* und im spanischen *Saguntum* sich findet. Kurz auf dem ganzen Wege vom Beginn des Pusterthals, welches nach der römischen Provinzialeintheilung bekanntlich zu Noricum gehörte, bis zum Austritt der Strasse aus dem Lande und noch darüber treffen wir unter den wenigen überlieferten Namen fast lauter solche, welche wahrscheinlicher Weise illyrischer Herkunft sind.

Die Berührung mit den Illyriern scheint auch in cultureller Beziehung von grosser Bedeutung für die damalige Bevölkerung gewesen zu sein. Während nämlich in den Friedhöfen des Innthales fast gar kein Eisen gefunden wird, herrscht das Eisen vor in der Nekropole von W e l z e l a c h im hinteren Iselthale, welche derselben Zeit wie die übrigen Grabfelder Tirols angehört, durch die Technik der Artefacte aber Verwandtschaft mit den Nekropolen der ostalpinen Nachbarländer aufweist. Prof. v o n W i e s e r vermutet daher, dass der Gebrauch des Eisens von O s t e n und S ü d e n her auf der uralten Verkehrsstrasse des Drauthales in's Land gekommen sei.

Unter der angegebenen Voraussetzung ist es leicht begreiflich, dass sich im bairisch - unterinnthalischen

Dialekte ein illyrisches Wort behauptet hat, das Wort
manz menz „unfruchtbare Kuh", das auch im grödn.
mants »Stier«, *ménizä* „weibliches Kalb« wiederkehrt.
Das Wort ist auch im heutigen Albanischen noch vorhanden in der Form *mzs* geg. *mas,* „männliches Füllen
von Pferd und Esel« und verschiedenen anderen Ab-
leitungen. Es verdient hervorgehoben zu werden, dass
die Sallentiner, eine messapische, also auch illyrische
Völkerschaft Unteritaliens, einen *Jupiter Menzana* verehrten, dem sie ein Pferd durch Feuertod weihten.
Das früher erwähnte Wort ist auch in den rheinlän-
dischen Dialekt gedrungen in der Form *minzekalb*
‚iuvenca‘, geradeso wie das illyrische Wort für „Kuh",
das im albanischen l‘*ops* erhalten ist, in deutschen
Mundarten und romanischen Dialekten bis an den Gen-
fer-See hin noch üblich ist[67]). Von anderen vorrömi-
schen Wörtern der Alpendialekte lässt sich nicht bestimmen, welcher Sprache sie angehören[68]).

Die illyrischen Bewohner Tirols werden natürlich
ebensogut die Spuren ihres Daseins in der Namengebung hinterlassen haben, wie die etruskischen. Wir
würden demzufolge vielleicht nicht irre gehen, wenn
wir es bei der Deutung absonderlich klingender Namen in der Gegend von Innsbruck mit dem Illyrischen
versuchten. Man könnte beispielsweise versucht sein,
für das gewiss alte *Völs* mit seinem Urnenfriedhof, in
dem Urbar Meinhart's „*datz Vels*"[69]) genannt, seine
Zuflucht zu dem oft bezeugten illyrischen Namen *Velso*
oder *Volso* zu nehmen; man könnte in dem ziemlich

4*

rätselhaft klingenden *Laus*, dessen Alter durch den
Umstand als ein bedeutendes gesichert sein dürfte,
dass der älteste Verkehrsweg von Matrei über das
Mittelgebirg führte und bei dem nahen Sistrans ein
prähistorischer Friedhof gefunden wurde, eine Ansiedlung oder einen Besitz eines alten Illyriers *Launus*
finden wollen [70]). Und vielleicht möchte auch noch
manches andere onomatologische Rätsel durch den
Schlüssel des Illyrischen gelöst werden. Indessen nicht
Namen zu erklären bin ich ausgegangen, da ich diese
gewiss lockende Aufgabe berufeneren Kräften überlassen muss. Für die Zwecke dieser Abhandlung ge-
nügt es, auch der illyrischen Sprache ihre deutlich am
Tage liegenden Ansprüche auf die Erklärung der tirolischen Ortsnamen wenigstens in der Idee gewahrt zu
haben. Diese Rechtsverwahrung zu Gunsten der illyrischen Sprache dürfte auch noch aus einem anderen
Grunde grössere Berücksichtigung verdienen. Hat ja
doch das Alpenvolk der *Breuni* noch nachweissbarer-
massen bis mindestens in's achte nachchristliche Jahrhundert Namen und Land behauptet, wenn der erstere
auch in der etwas veränderten Form *Breones* auftritt.
A. Jäger hat in höchst dankenswerter Weise alle auf
die Breonen sich beziehenden Zeugnisse zusammengestellt bis herab auf den bekannten „*Quartinus natio-
nis Noricorum et Pregnariorum*", welches die letzte
Kunde verbürgt von der Existenz dieses Volkes, dem
der Ostgotenkönig Theodorich die Bewachung der nördlichen Grenzpässe anvertraut hatte und deren Land der

bekannte Dichter Venantius Fortunatus in einer oft citierten Stelle anschaulich schildert [71]). Nicht jene Zeugnisse hier neuerdings vorzuführen ist meine Aufgabe, so interessant sie sind, mir kam es nur darauf an, zu betonen, dass die *Breuni,* die ja selbstverständlich in späterer Zeit romanisiert wurden, damals. als sie unter römische Herrschaft kamen, bereits eine gewisse staatliche Organisation gehabt müssen, die sie noch lange behaupteten. Ja sie haben, wie die geschichtlichen Thatsachen der späteren Zeit deutlich beweisen, auch die benachbarten Stämme der *Caenaunes* und *Focunates,* deren Namen verschwinden, in sich aufgenommen, und das ganze von diesen Stämmen innegehabte Gebiet heisst später *Breonium.* Eine solche Organisation setzt aber auch geregelte Verhältnisse in Bezug auf Besitz und Niederlassungen voraus, und hierin liegt auch die Vorbedingung und Veranlassung zu umfassender Namengebung. Waren aber die *Breuni* und *Caenaunes,* wie man nach meinen Ausführungen schwerlich noch bezweifeln wird, illyrischer Herkunft, so darf man gewiss die Hoffnung hegen, dass in dem einstmals von ihnen innegehabten Gebiete mancher Orts- und Flur-, Berg- und Flussname aus dem Illyrischen zu erklären sein wird, das demnach in diesen Theilen des Landes an die Stelle des Etruskischen zu treten hätte, und für den Namenforscher erwächst die Pflicht, bei seinen Deutungsversuchen auch auf diese Möglichkeit die gebührende Rücksicht zu nehmen.

VIII.

Rückblick und Folgerungen.

Hier ist ein passender Punkt, Halt zu machen und auf die bisherigen Ergebnisse unserer antiquarisch-philologischen Untersuchung zurückzublicken. Auf Grund der Angaben der alten Schriftsteller, sowie der inschriftlichen Funde hat sich die unbestreitbare Thatsache ergeben, dass im südlichen Theile Tirols eine etruskische Bevölkerung sesshaft gewesen ist, ja vielleicht hat diese ihre Vorposten sogar über den Brennerpass in das Sill- und Innthal vorgeschoben. Es ist sehr wahrscheinlich, dass ein grosser Theil dieser etruskischen Bevölkerung infolge des gallischen Einbruchs in's Gebirge gedrängt wurde, wo sich übrigens schon in früherer Zeit, als die Etrusker das Land zwischen dem Po und den Alpen in Besitz nahmen, etruskische Siedler niedergelassen hatten. Es hat ferner als eine nicht zu bestreitende Thatsache zu gelten, dass durch das Pusterthal eine venetische Einwanderung stattgefunden hat, welche die Thäler des Eisack und Inn, vielleicht auch den Vinstgau und nicht unwahrscheinlich auch einen Theil des heutigen Vorarlberg mit illyrischen Ansiedlern bevölkerte. Über die Zeit der an letzter Stelle genannten Einwanderung lässt sich kaum irgend ein sicherer Anhaltspunkt gewinnen. Ist es sicher anzunehmen, dass die Veneter seit der Mitte des siebenten vorchristlichen Jahrhunderts [72]) in

Venezien ansässig waren, so dürften wir kaum sehr
weit fehlen, wenn wir das siebente Jahrhundert als
den Zeitpunkt betrachten, vor welchem die Einwanderung der illyrischen Veneter nach Tirol nicht erfolgt
ist. Diese, sowie die allmählige Besiedelung der früher
erwähnten Theile des Landes dürfte dann etwa um die
Mitte des ersten vorchristlichen Jahrtausends vor sich
gegangen sein.

Wenn uns begreiflicher Weise auch keine Kunde
darüber vorliegt, so werden wir doch wol berechtigt
sein, vorauszusetzen, dass diese etruskische und illyrische Bevölkerung des Landes dort, wo Angehörige
der beiden verschiedenen Volksstämme aufeinander
stiessen, in vielfache Berührung miteinander traten, und
es dürfte die Annahme nicht allzu kühn sein, dass sich
in den Grenzgebieten Mischungen vollzogen, wie sie auf
anderen Gebieten zwischen Kelten und Iberern, Kelten
und Illyriern sicher nachzuweisen sind. Die durch die
prähistorische Archäologie gesicherte Thatsache, dass die
doppelte Bestattungsweise, welche man vereinzelt in
prähistorischen Friedhöfen des Landes findet (Skelet-
und Leichenbrandgräber), auf eine Mischung der Bevölkerung aus zwei verschiedenen nationalen Elementen
hinweist, haben wir oben S. 36 in der Weise zu verwerten gesucht, dass wir aus den Skeletgräbern vermutungsweise auf das Vorhandensein einer etruskischen
Bevölkerung schlossen. Über die Nationalität des anderen Theiles jener prähistorischen Bevölkerung können
wir vorläufig keine sichere Entscheidung treffen.

Ehe wir die letzte grosse Völkerbewegung näher
in's Auge fassen, deren Wogen im Altertum das tirolische Bergland, wenn auch nicht überfluteten, doch
wenigstens an den Rändern beleckten, muss hier noch
einer Thatsache der prähistorischen Archäologie Erwähnung gethan werden, die das Bild der vorgeschichtlichen ethnologischen Verhältnisse Tirols iu einem wesentlichen Punkte ergänzt. Bereits an einer anderen
Stelle hat sich uns passende Gelegenheit geboten zu
erwähnen, dass die neolithische Bevölkerung des südlichen, ja wahrscheinlich des ganzen Tirol dem ligurischen Stamme angehört habe [73]), dem also, wie in der
bereits erwähnten Anmerkung auch hervorgehoben worden ist, gleichfalls ein gewisser Antheil bei der Bildung der prähistorischen Bevölkerung Tirols zuzu-
schreiben ist. Diese gewiss nicht allzuzahlreiche Bevölkerung der neolithischen Zeit ist ohne Zweifel von
der nachfolgenden unterworfen und aufgesogen worden [74]).
Denn es lässt sich namentlich für den Süden des Landes, so insbesondere in den Nekropolen von Pfatten
und Meclo, noch eine Bevölkerungsschicht nachweisen,
welche vor den Etruskern dortselbst sesshaft war. Dieser Nachweis wird durch die Übereinstimmung der
Funde im unteren Etschgebiet mit jenen in den Pfahldörfern der Poebene, den sogenannten Terramaren, erbracht. Besonders hebt von Wieser hervor, dass sich
auch in den Fundstätten des südlichen Tirol „der für
die Terramaren so charakteristische haldmondförmige
Aufsatz an den Gefässhänkeln, die *ansa lunata* der

italienischen Archäologen« finde. Da nach den Ausführungen Helbig's in seinem öfter erwähnten Buche
nicht daran zu zweifeln ist, dass die Bewohner dieser
Pfahldörfer die Vorfahren der nachmaligen Latiner,
Umbrer und Osker gewesen sind, die man auch als
Proto-Italiker bezeichnet (die Archäologen italienischer Zunge nennen sie nicht vollkommen zutreffend
mit Vorliebe „Ombri"), so unterliegt es keinem Zweifel,
dass auch im unteren Etschthal eine den Proto-Italikern angehörige Bevölkerung ansässig gewesen ist [75]).
Durch diese sind die früher erwähnten Siedler der
neolithischen Zeit, die Ligurer, theils unterworfen, theils
in die abgelegeneren Seitenthäler gedrängt worden, für
welche sich durch Fundthatsachen eine schon frühzeitig
stattgehabte Besiedlung bis in die tiefsten Gründe nachweisen lässt. Diese aus Proto-Italikern bestehende Bevölkerung in Wälschtirol, die einerseits von der etruskischen, andererseits von der venetischen Einwanderung
getroffen wurde, ist unzweifelhaft in die neue, in grösseren Massen auftretende Bevölkerung aufgegangen,
welche auch die anderen vorhandenen Bevölkerungs-
elemente, so die ethnologisch nicht sicher einzureihen-
den Euganeer, welche wahrscheinlich auch in die
südlichen Thäler hereinreichten, in sich aufsog.

IX.

Die Gallier (Kelten).

Gegen Ende des fünften und im Beginne des vierten vorchristlichen Jahrhunderts hat eine grosse Bewegung unter den zu beiden Seiten des mittleren Rheines ansässigen Kelten stattgefunden, die sich nach Süden und Osten ausbreitete und einerseits mit dem Einbruche in Italien endigte, andererseits zu einem mächtigen Vordringen keltischer Stämme nach dem Osten führte [76]). Über das heutige Würtemberg, Baden, das südlich der Donau gelegene Baiern ergossen sich keltische Scharen; in Kärnten und Krain, in Illyrien südlich der Save haben sich keltische Völkerschaften niedergelassen, ja selbst über den Hellespont drang eine keltische Schar und gab der Landschaft *Galatia* den Namen. Den Zusammenhang dieser beiden Züge erweist ausser anderem der Umstand, dass sich Angehörige desselben Keltenstammes an beiden betheiligten, während ihr Name in ihren früheren Wohnsitzen am unteren Main und Nekar verschwindet. Es ist dies der Stamm der Boier: er zählte in der Aemilia 112 Gaue und hatte seinen Hauptsitz in dem vormals etruskischen *Felsina*, das in *Bononia* umgetauft wurde, und nach demselben Stamme ist Böhmen benannt, das *Boihaemum* des Tacitus, dessen sich der andere Theil dieses offenbar sehr zahlreichen Stammes bemächtigt hatte [77]). Auf diese Boier ist ohne Zweifel

ein grosser Theil der so zahlreichen prähistorischen
Bronzefunde des Landes Böhmen zurückzuführen [78]).
Diese keltischen Scharen haben Spuren genug hinter-
lassen in den Benennungen der Flüsse Rhein, Donau,
Isar, Inn, Lech u. a., die ohne Zweifel keltischen Ur-
sprungs sind [79]).

Sicher haben im Norden des Tiroler Landes keltische Völker ihre Herrschaft aufgerichtet und Städte,
wie z. B. Kempten (*Campodunum*), gegründet; auch
in dem benachbarten Vorarlberg hatte an den freundlichen Ufern des schwäbischen Meeres der keltische
Stamm der Βριγάντιοι [80]) seine Wohnstätten aufgeschlagen und in der Stadt *Brigantium*, unserem heutigen Bregenz, seinen Vorort. Und wie die früher genannte Isar ihre Namensverwandtschaft mit der französischen *Isère* nicht verläugnen kann, so sind auch
Bregenz und das französische *Briançon* eines und
desselben Ursprungs [81]). Aber es ist kein vollkommen
sicherer Nachweis dafür zu erbringen, dass keltische
Scharen von Norden her in's tirolische Bergland eingedrungen sind und sich hier häuslich eingerichtet
hätten. Fast scheint es, als hätten die tapferen *Breuni*
schon zu der Zeit, als sich der keltische Völkerstrom
über die nördlichen Grenzländer der Alpen ergoss,
tapfere Wache gehalten an den Pässen, die in die Vor-
alpenländer führen, wie Jahrhunderte später unter dem
Ostgotenkönig Theodorich, und den schweifenden keltischen Scharen den Eintritt in's Land gewehrt. So
weiss denn auch der hervorragendste Vertreter der An-

sicht, dass die alten Räter Kelten gewesen seien.
der gewaltige Forscher K. Zeuss, unter den aus Nordtirol überlieferten Ortsnamen nur Matreia als angeblich keltisch namhaft zu machen. Müsste schon an und
für sich dieser eine als keltisch ausgegebene Name
neben fast durchaus illyrischen, die uns überliefert
sind, sehr auffallend sein, so ist es überhaupt fraglich.
ob der Name keltisch ist, ja das Gegentheil mehr als
wahrscheinlich [82]). Aber der Name der altberühmten
Salzstadt am Inn. Hall, wird man mir entgegenhalten.
ist doch keltischen Ursprungs, wie Reichenhall,
Hallstadt, Schwäbisch-Hall. Und für die letz-
teren drei ist keltische Besiedlung wenigstens sehr
wahrscheinlich, für Reichenhall und Hallstadt sogar
ziemlich sicher. Aber für Halle an der Saale, das
doch in denselben Kreis gehört, müssen die Kelten.
sei es als bezahlte Arbeiter, sei es als Kriegsgefangene.
aus der Ferne hergeholt werden, um dieser gleichfalls
altberühmten Salz- und Handelsstätte den Namen zu
geben. In der That hat kein Geringerer als der berühmte Kulturhistoriker V. Hehn die Herleitung der
Namen Hall, Halle u. s. w. aus dem Keltischen, die
früher schon den Beifall von J. Grimm und Wei-
gand gefunden hatte, eifrig verfochten. Gleichwol
muss ich mich zu Gunsten der von Diefenbach auf-
gebrachten und neuerdings von verschiedenen Sprachforschern, wie von Fr. Kluge, dem Verfasser des aus-
gezeichneten etymologischen Wörterbuches der deutschen
Sprache, angenommenen Deutung aus dem Appella-

tivum »Halle« anschliessen, wobei ich allerdings still-
schweigend mir anzunehmen erlaube, dass er Halle von
dem nicht ausdrücklich erwähnten Hall nicht wird
trennen wollen. Da das Wort „Halle“ einen grossen
Saal mit Bedachung bezeichnet, kann die Übertragung
dieser Gebäudebezeichnung auf die Ortsbenennung auf
mehrfache Weise gerechtfertigt werden. Entweder bezeichnete das Wort ursprünglich das „Siedehaus der
Salzwerke“, wie Kluge meint, oder die offenen Schup-
pen, in denen die Salzwirker arbeiteten (dies ist Diefenbach's Ansicht), oder die zur Unterbringung des Salzes
angelegten Vorratskammern oder Salzstädel. Die bairi-
schen und schwäbischen Hall gehen auf ein neutrales
Substantiv *hâl* zurück, das der heutige schwäbische
Dialekt noch kennt und in den Bedeutungen „Platz
der Salzsiedehäuser“, „die gesammte Siederschaft“ ver-
wendet. Auch Schmeller und Heyne stehen nicht
an, „diese Combination der alten vorwissenschaftlichen
und unhistorischen Sprachlehre“, wie sie V. Hehn
nennt, wieder aufzunehmen. Die Schwächen der Hehn'-
schen Beweisführung hat auch Bezzenberger in
einem am 17. Juli 1875 in der Sitzung des anthropologischen Vereins zu Göttingen gehaltenen Vortrage
dargelegt. Dass aber seine eigene Etymologie, derzufolge *hal halla* von dem nur im Altnordischen belegten
Verbum *hellan* „giessen“, „schöpfen“ herkommen und
eigentlich „Quelle“, insbesondere „Salzquelle“ bedeuten
soll, den Beifall weiterer Kreise finden wird, erlaube
ich mir zu bezweifeln.

Wenn nach den eben gegebenen Auseinandersetzungen die Namen der Salzstätten überhaupt nicht mit
dem nur in einem Zweige des Keltischen (cymr. *halen*
„Salz") zufällig gleichlautenden Worte für Salz in Zusammenhang zu bringen sind, — trotzdem können ja
die Kelten auch in der Salzgewinnung ihren germanischen Nachbarn lange vorausgewesen sein — so haben
wir natürlich auch kein Recht, aus dem Namen der
Stadt Hall auf die Anwesenheit einer keltischen Bevölkerung zu schliessen. Und überhaupt könnte er,
auch wenn die Ableitung aus dem Keltischen sicher
wäre, auf die Salzstätte am Inn von den nachweisbar
älteren **Hallstatt** und **Reichenhall**, die bekanntlich ursprünglich auch nur Hall hiessen, übertragen
sein [83]).

Von grösserer Wichtigkeit scheint der folgende Umstand. Im Itinerarium Antonini werden als Zwischen-
stationen auf der Strasse von *Pons Aeni* nach *Veldidena*
die beiden Orte *Albianum* und *Masciacum* genannt.
Nun ist meines Wissens die Quantität des *a* in dem
Ausgange *-iacum* nicht bekannt. Ich weiss daher nicht,
mit welchem Rechte in der Realencyklopädie von **Pauly**
Kürze des *a (Masciăcum)* angesetzt wird, da nach Analogie anderer Bildungen, auf die wir auch im südlichen Tirol stossen, mit grösserer Wahrscheinlichkeit
Masciācum angesetzt werden darf. Allerdings würde in
diesem Falle unser Ortsname für das Gallo-romanische in
Anspruch genommen, in welchem bekanntlich das lat.
-anus (-ianus) durch *-acus (-iacus)* ersetzt wird. Es macht

also die Bildung des Wortes seine Zugehörigkeit zum Gallo-
romanischen wahrscheinlich, und seine Lage ist nach
den neueren Anschauungen im Unterinnthale zu suchen.
Während man nämlich früher geneigt war, die oben
genannte Strasse in der Richtung Pfunzen-Tegernsee-
Achenthal-Innthal zu suchen, eine Annahme, die auch
Mommsen im dritten Bande des *Corpus inscriptionum Latinarum* nicht für unwahrscheinlich hielt, hat
Kiepert unstreitig mit viel besserem Rechte in den
Nachträgen des eben erwähnten Bandes die Annahme
vertreten, dass diese Strasse durch das Innthal gegangen sei, da für die früher angenommene Richtung
das Mass der angegebenen Entfernungen im Itinerar
viel zu klein angesetzt wäre[84]). Auch Wessinger vertritt diese Auffassung und will dieses *Masciucum* nach
Strass verlegen, dessen Name allerdings mit Sicherheit
auf eine Römerstrasse deutet. Unwillkührlich muss
man an Schloss *Matzen* denken, in welchem Namen
möglicherweise eine allerdings stark verballhornte Re-
miniscenz an jene alte Form stecken könnte. Dies
kann man getrost behaupten, wenn auch schon Beda
Weber davor gewarnt hat, es zu thun. Ich bin natürlich nicht in der Lage, die Frage zu entscheiden, da
die im Itinerar angegebenen Entfernungen nicht stimmen
und von Wessinger durch die Annahme verschiedener
Umwege, die die auf den Höhen führende Strasse zu
machen gezwungen war, erklärt werden müssen[85]).
Jedenfalls aber verdient die Sache unsere Aufmerksamkeit, zumal das Vorhandensein einer keltischen Nieder-

lassung in jener Gegend auch noch eine Stütze fände,
wenn Wessinger den Namen *Voldepp* (Dorf und
Bach) richtig deutet. Nach der ältesten Form *Wal-
depp* erklärt er nämlich denselben als *Waldeppe
»Waldwasser«. Sollte nun diese Deutung wenigstens
in ihrem zweiten Theile richtig sein, was mir allerdings wegen der fehlenden Lautverschiebung (man
sollte doch wol etwas wie *Waldaff *Waldeff erwarten) nicht unbedenklich erscheint, so hätten wir
in -*epp* aus -*apa* nicht einen germanischen Wortstamm
zu erkennen, sondern vielmehr einen keltischen (air.
abann »Fluss«). In diesem Falle wäre also unser süd-
deutsches *Voldepp* eine Seitenform zu den norddeut-
schen Flussnamen auf -*pe*, wie *Wörpe* [86]).

Man könnte endlich vielleicht für keltische Besiedelung in's Feld führen, dass im Tuxer-Thale das *u*
wie *ü* gesprochen werde, bekanntermassen eine von
nicht wenigen Romanisten als keltische Nachwirkung
bezeichnete Besonderheit der gallo-französischen und
gallo-italischen Dialekte. Aber für's erste ist es keineswegs ausgemacht, dass nur das Keltische diese Eigen-
thümlichkeit hatte [87]), und für's zweite lässt sich meines Wissens nicht nachweisen, dass das Tuxer Thal,
welches, wie bekannt, eine der fächerförmig sich aus-
breitenden Fortsetzungen des hinteren Zillerthales bildet,
schon sehr frühzeitig colonisiert worden sei, was bei der
natürlichen Beschaffenheit dieses rauhen Hochthales auch
unschwer zu erklären ist. Sind doch auch, soviel ich weiss,
dortselbst nur vier romanische Namen nachzuweisen [88]).

Aus dieser geringen Zahl lässt sich wol mit Recht
auf wenig dichte Besiedlung in römischer und roma-
nischer Zeit schliessen und daher auch Besetzung durch
keltische Scharen, die doch in viel früherer Zeit hätte
stattgefunden haben müssen, mehr als zweifelhaft erscheinen.

Unter allen Umständen sind die Spuren keltischer
Niederlassungen im unteren Innthale sehr gering und
wenig sicher. Dennoch ist es wohl nicht zu viel behauptet, wenn man in der Lebhaftigkeit und Munter-
keit der Unterinnthaler ein Stück keltisches Erbe erkennt. Aber das haben sie nicht aus dem Tiroler Lande
bezogen, sondern von den bajuwarischen Einwanderern,
die das Land im Gebirge besetzten, ihren Urvätern,
übernommen. Und diesen ist dieses Erbstück keltischer
Eigenart zugefallen aus ihrer Verbindung mit den romanisierten Kelten der ehemaligen Provinz *Raetia se-*
cunda, die im Volke der Bajuwaren aufgehen mussten,
wenn nicht das Baiernvolk vielleicht schon in Böhmen
in enge Beziehung mit keltischen Elementen getreten ist.

Anders im S ü d e n des Landes. Zwar werden wir
wol kein grosses Gewicht legen dürfen auf den e i n e n
Gallier, dessen Grabschrift in etruskischem Gewande
uns in der alten Ansiedlung P f a t t e n [89]) erhalten ist,
obwol die Wahrscheinlichkeit für die Anwesenheit mehrerer seiner Stammesgenossen spricht. Hauptsächlich
aber zeigt uns die Etruskisierung der gallischen Eigennamen dieser Grabschrift, dass die Bevölkerung, unter

der unser Gallier lebte und seine letzte Ruhestätte
fand, eine etruskische gewesen ist, worauf bereits oben
S. 35 hingewiesen wurde. Dagegen wird uns die Anwesenheit einer sesshaften gallischen Bevölkerung im
südlichen Tirol durch einzelne grössere Funde und vor
allem durch das Gräberfeld von Coldaflom im Grödnerthale verbürgt, welches, wie von Wieser in dem
eingangs erwähnten Werke anführt „mit einheitlichem
La Tène-Inventar" ausgestattet ist. Auch bei den Ausgrabungen von Meclo im Nonsthale folgt nach Campi
auf die etruskische Fundschicht eine gallische, die
demnach auch Zeugnis ablegt für eine dort ansässige
gallische Bevölkerung. Dagegen handelt es sich bei
vielen der übrigen Funde der La Tène-Periode, die
im ganzen Lande gemacht worden sind, wie dies auch
von Wieser's Meinung ist, gewiss nur um „Beeinflussung infolge der Handelsbeziehungen."

Wir dürfen annehmen, dass die insubrischen
Gallier mit der Hauptstadt Mediolanum und die Ce-
nomanen in der Gegend von Brescia und Verona,
welche an den südlichen Grenzen des Landes ihre Sitze
aufgeschlagen hatten, auch in die Thäler des südlichen
Tirol vordrangen. Die Mächtigkeit der gallischen Einwanderung und die Ausdehnung ihrer Verbreitung im
Lande wird sich beim Abgang anderer Quellen nur
mit Zuhilfenahme der Ortsnamen, die P. Orsi gewiss
nicht ohne Glück zum Theil mit Hilfe des Keltischen
zu erklären sucht [90]), mit einiger Sicherheit feststellen
lassen. Dann ist aber nicht ausser Acht zu lassen,

dass die Ortsnamen auf -*ayo* und -*iayo* (entsprechend den echt italienischen auf -*ano* -*iano*, z. B. *Ar-
nayo*, *Brusayo*), mögen sie nun von gallischen oder
römischen Eigennamen abgeleitet sein, wol erst aus
der Zeit stammen, in welcher diese Gallier bereits
romanisiert waren, wie man nach Analogie der Ortsnamen im heutigen Frankreich schliessen darf [91]). Jedenfalls ist aber die Anwesenheit einer gallischen Bevölkerung im südlichen Tirol ganz sicher bezeugt.

X.

Schlusswort.

Da wir uns in dieser Abhandlung nur das Ziel ge-
steckt haben, die auf die Paläo-Ethnologie Tirols bezüglichen geschichtlichen Zeugnisse, die Thatsachen der
Fundstatistik und die Bedeutung der Ortsnamenforschung in das gebührende Licht zu setzen und durch
combinierende Verknüpfung dieser drei Faktoren ein
wenigstens annähernd richtiges Bild der ethnologischen
Verhältnisse von Alttirol zu erreichen, ist unsere Aufgabe jetzt als erledigt zu betrachten. Denn das Ein-
dringen der germanischen Stämme — Goten, Baiu-
waren, Alemannen —, die ja dem weitaus grösseren
Theile des Landes die endgiltige Signatur aufgedrückt
haben [92]), gehört selbstverständlich nicht mehr zu den
paläo-ethnologischen Vorgängen und kann daher hier
keine Berücksichtigung finden.

Bei diesen unseren Betrachtungen hat sich heraus-

gestellt, dass es eigentlich nur ein einziges Mittel gibt,
die räumliche Abgränzung der verschiedenen Nationa-
litäten in vor- und nachrömischer Zeit, wenn auch nur
annähernd, zu bestimmen. Dieses einzige Mittel ist die
Ortsnamenforschung, und es muss nochmals hervorgehoben werden, dass Steub mit glücklicher Divina-
tionsgabe als der erste den Weg betreten hat, der eine
Lösung unserer Frage zu ermöglichen scheint. Wie
Müllenhoff im zweiten Bande seiner deutschen Altertumskunde das ursprüngliche Verbreitungsgebiet der
Kelten auf dem rechtsrheinischen Ufer durch den Nachweis keltischer Flussnamen bestimmt hat, kann auch
auf tirolischem Boden nur die systematische Erforschung der Ortsnamen zu einem wenigstens annähernd
abschliessenden Ergebnis führen. Freilich liegen die
Verhältnisse auf tirolischem Boden ungleich schwieriger,
als auf dem von Müllenhoff untersuchten Gebiete. Auf
diesem lagern nur deutsche Namen auf keltischen,
in Tirol haben wir dagegen drei oder gar vier La-
gen übereinander, im Norden eine illyrische, romanische, deutsche, im Süden eine etruskische,
gallische, gallo-italische und theilweise wenigstens eine deutsche, im Pusterthale über wahrscheinlich illyrischen, romanische, slavische und
deutsche Ortsnamen. Dabei ist aus leicht einseh-
barem Grunde nur die bodenständige Bevölkerung in
Rechnung gezogen, da sich ja nur von einer solchen
erwarten lässt, dass sie eine mehr oder minder vollständige geographische Nomenclatur besessen habe.

Sicher wird der Löwenantheil den beiden letzten
Lagerungen zufallen, der romanischen und der
deutschen. Aber vollständig verloren haben sich
doch auch frühere Namen gewiss nicht. Dies zeigt am
besten das Beispiel der an den grossen Strassenzügen
gelegenen Orte, deren vorrömische Namen allerdings
eben wegen ihrer Lage der Kenntnis der Nachwelt erhalten geblieben sind. Andere lassen sich, wie wir
aus einigen Beispielen ersehen haben, mit ziemlicher
Sicherheit erschliessen. Damit aber für die Paläo-
Ethnologie brauchbare Ergebnisse der Ortsnamenforschung gewonnen werden können, ist eine systematische Bearbeitung des Gegenstandes unbedingt
nothwendig, wie sie zum Theil für die romanischen
Namen bereits vorliegt. Erst wenn eine nach den einzelnen Theilen des Landes geordnete Über-
sicht sämmtlicher Ortsnamen vorliegt, lässt
sich ein reinliches Ergebnis auch für die Paläo-Ethnologie erwarten. Unstreitig ist dabei das Hauptgewicht
auf Fluss- und Bergnamen zu legen, von denen sicher
anzunehmen ist, dass sie sich, wenn auch zum Theil
umgeformt. im Munde neuer Besiedler, dort erhalten
haben werden, wo bereits eine bodenständige Bevölkerung ansässig war.

Wenn irgend jemand, ist der Verfasser dieser an-
spruchslosen Skizze sich wol bewusst, dass dieselbe,
wie es ja die Natur des behandelten Gegenstandes selbst

mit sich bringen muss, vieles längst Bekannte enthält.
Gleichwol hielt er sich vornehmlich im Hinblick auf
den bereits im Jahre 1886 gehaltenen Vortrag, in welchem hinsichtlich der paläo-ethnologischen Verhältnisse
von Tirol doch wenigstens ein neuer Gesichtspunkt —
die Betonung der illyrischen Besiedlung — aufgestellt
worden war, für berechtigt, diese vollständige Neubearbeitung vorzunehmen, in der mit Gewissenhaftig-
keit die Ergebnisse früherer Untersuchungen neuerdings
geprüft und, wo sich infolge dieser Nachprüfung die
Nothwendigkeit herausstellte, auch entsprechend ab-
geändert wurden. Vielleicht darf also der Verfasser
hoffen mit dieser Arbeit allen jenen Kreisen, welche
sich für ethnologische Fragen interessieren, eine nicht
unwillkommene Gabe darzubieten.

Anmerkungen.

[1]) **J. J. E g l i** hat in seinem toponymischen Bericht
(Geographisches Jahrbuch XII, 36) darüber berichtet:
„Für die ethnologischen Fragen, welche der tiroler
Ortsnamenforschung zu Grunde liegen, bietet Friedr.
Stolz einen einfachen, kundigen Führer, vieles recht
Erwünschte in Noten.« Auch H. Z i e m e r berichtet
darüber in Bursians Jahresberichten Bd. 56 (XVI. Jahr-
gang, 1888) 3, 228. L. S t e u b hat dieses Vortrages
mit anerkennenden Worten gedacht in seiner Schrift
„Zur Ethnologie der deutschen Alpen« S. 50. Auch
J. J u n g im Handbuch der klassischen Altertumswis-
senschaft von J. v. Müller III, 499 führt die kleine
Schrift an. Meiner Darstellung haben sich angeschlos-
sen J. P a t i g l e r in dem Programm der deutschen
k. k. Staats-Realschule in Budweis v. J. 1887, S. 3 f.
und die Verfasser des Prachtwerkes S t u b e i (Leipzig
1891), S. 431. Die vorgeführten anerkennenden Ur-
teile über jenen Vortrag sind keineswegs aus Ruhm-
redigkeit hier erwähnt, sondern sollen auch als Zeugen
dafür angeführt werden, dass eine Neubearbeitung desselben ihre Berechtigung hat, wenn auch in mancher
Schrift, die nach dem Jahre 1886 erschienen ist und
irrige Auseinandersetzungen über unseren Gegenstand
vorträgt, auf meine Ausführungen, ich weiss nicht aus
welchem Grunde, keine Rücksicht genommen ist. Um so
mehr hat es mich gefreut, dass mein verehrter Freund
und College F r. v o n W i e s e r in seiner für das Kron-

prinzenwerk bestimmten Abhandlung „Die vorgeschichtlichen Verhältnisse von Tirol« auf Grund der prähi-
storisch-archäologischen Thatsachen zu einem Ergebnis
gekommen ist, das sich der Hauptsache nach mit meinen Ausführungen deckt.

An dieser Stelle erwähne ich einen Vortrag von
K. Urban „Über Völker und Völkerschicksale in Tirol«
im dritten Jahresbericht der Section Magdeburg des
deutschen und österreichischen Alpenvereins (Magdeburg 1887), der sich nur auf Steub, Bidermann und
Schneller stützt. Wissenschaftlichen Charakter hat die
Abhandlung desselben Verfassers „Das alte Rätien und
und die römischen Inschriften« im Jahrbuch des Pä-
dagogiums zum Kloster Unser lieben Frauen in Magdeburg, 1889. Auch seien Freunde unseres Gegenstandes auf die reichlichen Literaturnachweise im Katalog
des hiesigen Museum Ferdinandeum (Abtheilung Ethnographie und Altertumskunde) aufmerksam gemacht, die
namentlich für die neueste Zeit durch die Sorgfalt des
Herrn Custos K. Fischnaler sehr vollständig sind.

[2]) Verhandlungen der 29. Versammlung deutscher
Philologen und Schulmänner in Innsbruck (Leipzig,
Teubner 1875), S. 1. Ich habe die ganze in ihrer Art vor-
treffliche Stelle aus jener Begrüssungsrede ausgehoben,
obwol ich ausdrücklich betonen muss, dass meines Erachtens nur die bodenständige, sesshafte Bevölkerung Einfluss auf die Namengebung gehabt hat.

[3]) Carinthia 76 Jgg. (1886) S. 118 f.

[4]) Die nicht selten vorkommende Bezeichnung Rätier ist streng genommen fehlerhaft; denn der Name
des Volkes ist nicht von dem der Provinz (Raetia)
abgeleitet, sondern gerade umgekehrt. Das lateinische
Raeti (gr. 'Ραιτοί) kann aber richtig nur mit Räter,
oder allenfalls auch, wie Zeuss dies thut, mit Räten
verdeutscht werden. Anders verhält es sich mit Hel-

vetier, deren Etymon ja schon im Lateinischen und
Griechischen *Helvetii*, beziehungsweise Ἐλουήτιοι ist.
Freilich hat sich auch Gallier zu alleiniger Geltung
aufgeschwungen.

[5]) „Über das rhätische Alpenvolk der Breuni oder
Breonen“ im XLII. Bande der Sitzungsberichte der
phil.-histor. Classe der kaiserl. Akademie der Wissenschaften zu Wien.

[6]) Statt weitläufiger Angaben verweise ich auf
Brambach Hilfsbüchlein der lateinischen Rechtschrei-
bung (2. Aufl.), S. 58.

[7]) Strabon IV, 209: τέτταρας δ'ὑπερβάσεις.
ὀνομάζει μόνον διὰ Λιγύων μὲν τὴν ἔγγιστα
τῷ Τυῤῥηνικῷ πελάγει, εἶτα τὴν διὰ Ταυρί-
νων ἣν Ἀννίβας διῆλθεν, εἶτα τὴν διὰ Σα-
λάσσων, τετάρτην δὲ τὴν διὰ Ῥαιτῶν, ἀπάσας
κρημνώδεις.

[8]) So geschehen von Rausch Geschichte der Literatur des rätoromanischen Volkes S. 30; vgl. von
Planta Das alte Rätien 2, Fussnote. Übrigens ist
dem letztgenannten Autor unbekannt geblieben, dass
W. Glück in den Sitzungsberichten der kgl. bairi-
schen Akademie der Wissenschaften in München vom
Jahre 1865 I 1—27 über den Namen dieses Flusses
gehandelt und ihn gewiss mit Recht mit der Wurzel
ri- (stark *rei-*, ir. *rian* „Weg, Pfad“) in Verbindung
gebracht hat. Die ursprüngliche Form des Namens
war **Rei-no-s*, eine Bildung wie Αἶνος *Aenus* „Inn“
von der Wurzel idg. *ei- i-* „gehen“. Über die althoch-
deutsche Form *rîn* ist zu vergleichen Müllenhoff
Deutsche Altertumskunde 2, 219 Anm. 2. Die keltische Herkunft der beiden Flussnamen Rhein und
Inn erkennt man schon am Geschlechte, da die
Flussnamen im Keltischen, wie im Italischen, männ-

lichen Geschlechtes sind, während sie im Germanischen,
wie im Altindischen, dem weiblichen Geschlechte folgen.

⁹) Die alte und neue Literatur über den rätischen
Krieg ist gesammelt von J. Jung Die romanischen
Landschaften des römischen Reiches (Innsbruck 1881)
S. 315 Anm. 3. Vgl. noch insbesondere G. Zippel
Die römische Herrschaft in Illyrien bis auf Augustus
(Leipzig 1877) S. 247 ff. und ausserdem Th. Momm-
sen Römische Geschichte (Berlin 1885) V, 14 f.;
F. Dahn Urgeschichte der germanischen und romani-
schen Völker (W. Oncken's Weltgeschichte in Einzel-
darstellungen) III, 39 f.; H. Schiller Geschichte der
römischen Kaiserzeit (Gotha 1883) I, 215 f.

¹⁰) Darüber Th. Mommsen, Mittheilungen der
Zürcherischen Gesellschaft für vaterländische Altertümer XVIII (1854), S. 5 Anm. 1. In dem Sinne eines
besonderen Volksnamens gebraucht ihn unter anderem
Livius an der später zu citierenden Stelle 5, 33; Strabon 4, p. 204: ὑπέρκεινται δὲ τοῦ Κώμου πρὸς
τῇ ῥίζῃ τῶν Ἄλπεων ἱδρυμένου τῇ μὲν Ῥαιτοὶ
καὶ Ὀύεννωνες ἐπὶ τὴν ἔω κεκλιμένοι, τῇ δὲ
Ληπόντιοι καὶ Τριδεντῖνοι καὶ Στόνοι κτλ.
Über die Zersplitterung der Alpenvölker vgl. Plin. 3,
24: *his contermini Raeti et Vindelici, omnes in multas
civitates divisi.*

¹¹) Über das tropaeum Alpium vgl. C. Plinius
Secundus Nat. hist. 3, 20; A. Jäger Über das
rhätische Alpenvolk der Breuni u. s. w. S. 4 f. des
Sonderabdruckes und besonders Zippel a. o. a. O.
S. 248 ff.

¹²) Vgl. Tappeiner a. a. O. S. 13: „Der prähistorische Rhätier-Schädel aus dem Grödnerthale“. „Es
ist ein urrhätischer Schädel, der schon einige Jahrhunderte vor der römischen Eroberung Rhätiens im Grödnerthale begraben worden.“

¹³) Vgl. über die Stelle Marquardt Römische Altertümer II, 575 Anm. 3.

¹⁴) Über die Nationalität der Räter vgl. Zeuss Die Deutschen und die Nachbarstämme (München 1837), S. 228 f., der sie fälschlich für Kelten ansieht; J. Jung Die romanischen Landschaften u. s. w. 351; H. Nissen Italische Landeskunde (Berlin 1883) I, 483 f. Die Ausführungen des letztgenannten Gelehrten geben jedenfalls die beste und übersichtlichste Darstellung des Gegenstandes. Jedoch muss ich die Identificierung von *Rasenae* und *Raeti* (S. 485) mit W. Deecke (O. Müller Die Etrusker, 2. Aufl. I, 65) als sprachlich unzulässig erklären. Sehr zu bedauern ist, dass Müllenhoff in seinen Untersuchungen die Räter nicht behandelt hat, wie aus Rödiger's Vorwort zum dritten Bande der deutschen Altertumskunde S. VII (Berlin 1892) hervorgeht. Indessen ist es immerhin interessant, eine Stelle aus den Entwürfen von 1865 auch hier anzuführen, soweit dies von Rödiger a. a. O. geschehen ist: „*was aber die Raeter anlangt, so lobt er zwar 'Steubs sinnreiche und methodische analyse der rätischen ortsnamen', hebt hervor, dass 'die meinung der Römer im zeitalter des Augustus, dass die Raeter nachkommen der durch den Einbruch der Gallier aus dem Potal ins gebirge gedrängten Etrusker seien', die damals noch ein 'verdorbenes' etruskisch sprachen (folgt die Hinweisung auf die drei Anm. 15, 17, 18 aufgeführten Stellen), durch Steub zwar scheinbar eine unerschütterliche stütze erhalten habe, dass aber ihre erwünschte bestätigung durch die in Bünden, Tirol, Kärnten und Steiermark gefundenen epichorischen inschriften in einem dem etruskischen verwandten alphabet vermisst werde.*“ Aus einer anderen Stelle (Deutsche Altertumskunde I, 86, vgl. III, 194 Fussnote) geht hervor, dass M. „die Räter zur vorarischen Urbevölkerung Europa's zählte.“ Es schien mir nicht

überflüssig, diese allerdings nur lose hingeworfene Ansicht des grossen Germanisten und Altertumsforschers aufzuführen, wenn sie vielleicht auch nur ein historisches Interesse beanspruchen darf.

An dieser Stelle sei auch auf H. Bidermann Die Romanen und ihre Verbreitung in Österreich (Graz 1877) verwiesen, woselbst S. 62 von der kelto-ligurischen Abkunft der Rätoromanen und Ladiner gesprochen wird. Ein Antheil der Ligurer an der Bildung der rätischen Völker ist nur insoferne zuzugestehen, als Angehörige des ligurischen Stammes nach allgemeiner Annahme die erste Bevölkerung der Alpen, wie überhaupt eines beträchtlichen Theiles von Mitteleuropa gebildet haben. Von den später einrückenden Bewohnern unterjocht, müssen sie in ihnen aufgegangen sein. Über die Ligurer handelt F. Molon *Preistorici e contemporanei Studi paletnologici in relazione al popolo ligure*, Milano 1880 (s. Archiv für Anthropologie Bd. XIII 136 f.), und ebenso ist der betreffende Abschnitt bei Nissen, sowie Müllenhoff Deutsche Altertumskunde 3, 173 ff. zu vergleichen. — Dass der Name „Bodensee" mit der ligurischen Benennung des Po Βόδεγκος *Bodincus* (über das Wort s. Müllenhoff a. a. O. S. 191) zusammenhänge, wie J. G. Cuno Vorgeschichte Rom's (Leipzig 1878) 1, 130 f. annimmt (vgl. S. 111 f.), klingt sehr wenig wahrscheinlich. Ich habe dies hier eigens angeführt, weil meines Wissens unter den in Tirol und Vorarlberg vorkommenden geographischen Namen eben die Bezeichnung „Bodensee" die einzige ist, die mit dem Ligurischen in Verbindung gebracht worden ist. Man vergleiche übrigens, was J. J. Egli Gesch. d. geogr. Namenkunde S. 21 aus des Joach. von Watt (Vadianus) *Epistola Rudolpho Agricolae Rhaeto* (Viennae 1512) über den Bodensee mittheilt und ib. S. 99).

[15]) Livius 5, 33 fin. Nachdem der Geschichtschreiber die Ausdehnung der Etrusker diesseits des Apen-
ninus nach dem mare inferum und jenseits des eben
erwähnten Gebirgsstockes und die Aussendung von
zwölf Colonien geschildert hat, fährt er fort: *quae (co-
loniae) trans Padum omnia loca, excepto Venetorum
angulo, qui sinum circumcolunt maris, usque ad Alpes
tenuere. Alpinis quoque ea gentibus haud du-
bie origo est, maxime Raetis, quos loca ipsa
efferarunt, ne quid ex antiquo praeter sonum
linguae, nec eum incorruptum, retinerent.*

[16]) Die Strabon-Stelle (4, 206) über die Beschaffenheit des rätischen Landes habe ich nach der Über-
setzung in F. Dahn's Urgeschichte der germ. und
rom. Völker III, 4 wiedergegeben. Die früheren feind-
lichen Berührungen zwischen Rätern und Römern sind
ausführlich erörtert von J. Daum Zur tirolischen Altertumskunde S. 4 f. (Programm des k. k. akad. Staatsgymnasiums zu Innsbruck vom Jahre 1853). Eine
hübsche Karte des alten Rätien findet man in dem bereits angeführten Buche von R. von Planta und im
dritten Bande des Corpus inscriptionum Latinarum.

[17]) Plinius 3, 20, 24: *Raetos Tuscorum pro-
lem arbitrantur a Gallis pulsos duce Raeto.*

[18]) Justinus 20, 5: *Tusci quoque duce Raeto,
avitis sedibus amissis, Alpes occupavere et ex nomine
ducis gentes Raetorum condiderunt.*

[19]) Daum a. a. O. S. 16 f.

[20]) Müller's Archiv 1818, S. 11; vgl. Inter-
nationale Zeitschrift für Sprachwissenschaft von Tech-
mer 4, 277.

[21]) Fr. Müller Allgemeine Ethnographie (Wien
1879), S. 12.

[22]) Der Satz, dass keines der europäischen

Völker einen einheitlichen rassenanatomischen Charakter repräsentiere, ist einem
von Prof. Dr. Kollmann aus Basel auf der Natur-
forscherversammlung zu Strassburg 1885 gehaltenen
Vortrage „über Rassenanatomie der europäischen Men-
schenschädel" entnommen. Die betreffenden S. 210 des
Tagblattes der 58. Versammlung deutscher Naturfor-
scher und Ärzte stehenden Sätze führe ich wörtlich an:
„Sowol grosse als kleine gentilicische Einheiten (Völker) bestehen aus den Abkömmlingen verschiedener
Varietäten oder Rassen. Die Völker sind von dem
rassenanatomischen Standpunkte aus niemals nur Abkömmlinge einer einzigen Rasse gewesen. In keinem
noch so alten Grabfeld Europa's werden nur Abkömmlinge einer und derselben Rasse gefunden. Überall in
Europa sind vielmehr die Völker das Produkt der
Penetration verschiedener europäischer Rassen und
der stets damit verbundenen Kreuzung." Derselbe Gelehrte hat seine Ansichten über die vier europäischen
Grundrassen und ihre Weiterentwicklung in historischer
Zeit in einem Sendschreiben an Virchow niedergelegt,
das in den Verhandlungen der Berliner Gesellschaft für
Anthropologie, Ethnologie und Urgeschichte Jahrg. 1889
(330 ff.) veröffentlicht ist. Es scheint mir zweckentsprechend, die fünf Schlusssätze dieses Sendschreibens
hier anzuführen:

1. „Die verschiedenen hier vorliegenden Rassen,
Typen oder Varietäten Europa's haben sich seit den
ältesten Zeiten unter dem Einfluss des Klima's und
der Nahrung nicht verändert, sondern bleiben constant,
sofern keine Kreuzung stattfindet."

2. „Intelligenz, Cultur, Civilisation u. dgl. sind
völlig unabhängig von Schädelform und Gesichtsform,
von geradem oder schiefem Profil u. dgl.; alle diese
vorliegenden Rassen haben ihre Culturfähigkeit be-

wiesen, denn ihre Nachkommen sind die Träger der europäischen Cultur.«

3. »Die Völker Europa's sind, soweit unsere Forschungen zurückreichen, nicht Abkömmlinge einer einzigen Rasse, sondern jedes Volk ist rassenanatomisch ein zusammengesetztes Wesen.«

4. »Gentilicische Einheiten sind, wenn auch durch Sprache, Sitte und politische Regeln fest geschlossen, darum doch nicht rassenanatomisch einheitlich. Ethnologische Einheit beruht in Europa nicht auf Rasseneinheit, sondern auf Rassenvielheit.«

5. »Die Rassenanatomie der europäischen Völker bestätigt und erweitert die Thatsachen, welche Virchow's grosse Statistik über die Farbe der Augen, der Haare und der Haut ergeben hat, nämlich überall das Vorkommen mehrerer Typen innerhalb der grossen und der kleinen gentilicischen Abtheilungen, nirgends Einheit des Typus. Wenn dennoch die grossen und kleinen ethnischen Einheiten auch äusserlich verschieden sind, so rührt dies von dem Vorherrschen des einen oder des andern Typus her, der hauptsächlich in die Augen fällt und die Aufmerksamkeit des generalisierenden Blickes auf sich zieht.«

Hiezu vergleiche man noch M. Holl in den Mittheilungen der anthropologischen Gesellschaft in Wien XVII 131 f. und XVIII 2 ff., wo im Anschlusse an Kollmanns allgemeine Grundsätze der Versuch gemacht wird, das sichtliche Zurückgehen des dolichocephalen Typus mit specieller Bezugnahme auf Tirol und Vorarlberg zu erklären.

Es sei gestattet, hier im Vorbeigehen mit Rücksicht auf die Arbeiten Penka's, insbesondere seine Artikel im »Ausland« Jahrg. 64 (1891), S. 132 ff., 141 ff., 170 ff., 190 ff. die Frage aufzuwerfen, ob eine Berechtigung vorliegt von einer »arischen Rasse«

zu sprechen. Da scheint es mir nun zweifellos, dass
von unserem heutigen Standpunkte aus der Ausdruck
„arische Rasse" zum mindesten unglücklich gewählt
ist, da ja die „arisch" redenden Menschen, wie aus
den Thatsachen erhellt, verschiedenen rassenanatomischen Typus zeigen. Meines Erachtens kann man nur
von dem „rassenanatomischen Charakter des
arischen Urvolkes" sprechen. Und in dieser Hinsicht mögen Penka's Ausführungen, die nach Hirt
in seinem sehr beachtenswerten Aufsatze „Die Urheimat
der Indogermanen" (Indogermanische Forschungen 1,
464 ff.) „sehr viel bestechendes haben", allerdings vor-
sichtiger Beachtung empfohlen werden. Denn man
darf nicht übersehen, dass I. Taylor The origin of
the Aryans (vgl. die Besprechung von Hirt im Anzeiger für indogermanische Sprach- und Altertumskunde
1, 93 f.) dem arischen Grundvolke brachycephalen
Schädeltypus mit hellen Augen und rötlichem Haare
zuschreibt. Und nach Schaaffhausen (Festschrift
zum fünfzigjährigen Jubiläum des Vereins von Altertumsfreunden im Rheinlande, Bonn 1891) kann man aus
physiologischen Gründen annehmen, „dass die ursprünglich dunkle Färbung von Haar und Auge sich nur in
südlichen Ländern erhalten hat, in nördlichern Gegenden aber wegen der Verminderung des kohlenstoffhal-
tigen Pigmentes durch stärkeres Athmen sich in die
hellere umgewandelt hat." Bei solcher Sachlage bleibt
der Zweifel, den ich in meiner Besprechung von
Penka's Buch „Die Herkunft der Arier" (Neue phi-
lologische Rundschau Jahrg. 1887, S. 94 f.) ausgesprochen habe, ob es jemals gelingen werde, den rassenanatomischen Charakter der Urarier mit vollkom-
mener Sicherheit festzustellen, wie mich dünken will,
nach wie vor zu Recht bestehen.

Obwol es nach dem Gesagten keiner speciellen Be-

lege dafür bedürfte, dass Räter und Etrusker trotz der
Verschiedenheit der Schädeltypen e i n e r Nationalität
angehört haben können, will ich doch erwähnen, dass
nach einer Mittheilung V i r c h o w's auf der zweiten
Versammlung österreichischer Anthropologen und Ur-
geschichtsforscher (siehe Mittheilungen der anthropologischen Gesellschaft in Wien XII, S. 15) B r o c a für
Frankreich den Nachweis geliefert hat, dass es zwei
Arten von keltischen Schädeln gibt, eine brachycephale, welche dem Süden, und eine dolichocephale,
welche dem Norden angehört. Allerdings hat er, wie
ich aus Schaaffhausen's eben erwähnter Abhandlung
S. 100 ersehe, eine keltische Rasse einerseits und eine
kymrische und belgische andererseits unterschieden,
wenn ich die Stelle richtig verstehe. Derselbe B r o c a,
Q u a t r e f a g e s u. a. haben durch ihre Messungen dargethan, dass auch den Angehörigen des baskischen
Volkes zwei Schädeltypen eigen sind, ein dolichoce-
phaler, der in Spanien fast allein herrscht und ein
subbrachy- bis brachycephaler, der neben jenem dolichocephalen bei den französischen Basken sehr häufig
vorkommt und allmählich im Laufe der letzten Jahrhunderte über den letzten den Sieg davon trägt (G e r -
l a c h bei G r ö b e r Grundriss der romanischen Philologie I, 314 mit Angabe der entsprechenden Literatur).
Und um noch ein aussereuropäisches Beispiel zu bringen, auf das ich zufällig gestossen bin, so berichtet
P. E h r e n r e i c h in der Zeitschrift für Ethnologie 22
(1890), S. 84, dass bei den Indianern im Kuliseu-
gebiete (Brasilien) die Kopfform wenig Charakteristi-
sches biete, »da alle Indices von Dolichocephalie bis
zu starker Brachycephalie bei jedem Stamme in buntem
Gemisch vorkommen.«

Es dürfte zweckentsprechend sein, die bisherigen
Ergebnisse der in Tirol angestellten Schädelmessungen

6*

in Kürze mitzutheilen. Ausser dem oben erwähnten
Buche von Dr. Tappeiner, dem Veröffentlichungen
im XII. Bde. der Zeitschrift für Ethnologie (1880)
S. 67 und 269 f. vorausgiengen, ferner einer Mittheilung von Rabl-Rückhard in derselben Zeitschrift
Bd. XIII. S. 201 f. und Studien desselben Verfassers
über die Anthropologie Südtirols, in welchen die Ergebnisse der Untersuchung von 14 Schädeln von
St. Peter bei Meran mitgetheilt werden, sowie den in
Nordtirol von Professor J. Ranke angestellten Messungen,
endlich einer Abhandlung von Zuckerkandl („Kra-
niologische Untersuchungen in Tirol“) in den Mittheil.
d. anthrop. Ges. in Wien Bd. XIV. S. 117 ff. liegen
jetzt zusammenhängende Untersuchungen von dem früheren Professor der Anatomie an der hiesigen Universität (jetzt in Graz), Dr. Moriz Holl, vor. Sie sind
in drei Abtheilungen in den Mittheilungen der anthropologischen Gesellschaft in Wien und zwar im XIV. Bde.,
S. 77 ff., im XV., S. 41 ff. und im XVII., S. 129 ff.
erschienen. Nach Holl sind folgende vier durchaus
leptoprosope Haupttypen in den untersuchten Orten
nachweisbar: dolichocephal, mesocephal, brachycephal
und hyperbrachycephal (vgl. Kollmann Archiv für
Anthropologie Bd. XIII, 79 ff., 179 ff., Bd. XIV, 1 ff.
Beiträge zur Kraniologie der europäischen Völker). Was
die Verbreitung dieser Schädeltypen anlangt, so führe
ich zunächst aus dem zweiten Aufsatz das Folgende
wörtlich an: „Den grössten Procentsatz an Dolichocephalen, welche nur im Ziller- und Tuxerthale vorkommen (nach den spätern Untersuchungen, die in der
dritten Abhandlung veröffentlicht sind, gesellten sich
dazu auch geringe Procentsätze an Dolichocephalen
im Patznaunerthale, im Unterinn- und Wipthale), weist
Uderns ($12{\cdot}5\%$), den niedersten Fügen ($3{\cdot}5\%$) auf.
Am nächsten ist durch Mesocephale (wenn man von

Hippach absieht), Gerlos (61·5%) und Fügen (60·7%)
vertreten, wie überhaupt im Ziller-, Tuxer- und Gerlos-
thale das mesocephale Element einen mächtigen Stock
bildet; am wenigsten Mesocephale sind in St. Lorenzen
(6%) und St. Martin (6·6%) vorhanden. Im Val di
Fassa ist das mesocephale Element wenig ausgebreitet,
während in dieser Beziehung vom Pusterthale erst nach
ausgedehnteren Forschungen etwas des näheren gesagt
werden kann. Die Brachycephalie, welche in allen
Ossuarien angetroffen wird, ist percentuell am stärksten
in Luttach (77·7%) im Ahrenthal, am geringsten in
Fügen (25·0%) im Zillerthal, nach Thälern beurtheilt
am stärksten im Ahrenthal (48·1%), am schwächsten
im Eggenthal (30%) und Gaderthale (33·3%). Die
Hyperbrachycephalie ist am stärksten vertreten in Pu-
fels. Sand, Eggenthal und Gaderthal, spärlicher in
Mayrhofen und Finkenberg.« Für Unterinnthal, Wipthal
und Patznaunerthal ergeben sich nach der dritten Abhandlung (a. a. O. S. 134) folgende Procentsätze: Dolichocephale 2·5, 2·7, 1·3; Mesocephale 25·6, 17·8,
8·7; Brachycephale 44·9, 53·4, 55·8; Hyperbrachycephale 26·9, 26·0, 33·8; für das ganze untersuchte
Gebiet: Dolichocephale 1·8, Mesocephale 14·9, Brachycephale 49·6, Hyperbrachycephale 33·6. — Es sei hier
auch noch darauf hingewiesen, dass Prof. Holl auch
die in Vorarlberg vorkommenden Schädelformen unter-
sucht und das Ergebnis dieser Untersuchungen im
XVIII. Bde. der Mittheil. d. anthrop. Gesell. S. 1 ff.
veröffentlicht hat. Zum Vergleiche mit den tirolischen
Procentsätzen setze ich die vorarlbergischen gleichfalls
hieher: Dolichocephale 0·6, Mesocephale 12·6. Brachycephale 50·3, Hyperbrachycephale 36·2.

Dass der schmalgesichtige Langschädel früher in
Tirol häufiger gewesen sein muss, beweist der Umstand,
dass die in den Reihengräbern von Igls. die von einer

sesshaften Bevölkerung herrühren, in jenen von
Deutschmetz (vgl. Tappeiner Studien u. s. w S. 141.),
die bei Thaur, in Cles u. s. w. gefundenen Schädel
dolichocephal sind (Holl a. a. O. Bd. XVII, 130).

Endlich sei noch Folgendes hervorgehoben. Der
Umstand, dass nach den Untersuchungen Holl's die
Hyperbrachycephalie besonders in dem Gebiete der
räto-romanischen Bevölkerung Tirols sich findet, scheint
auf häufige Hyperbrachycephalie der in diesen Theilen
sesshaft gewesenen Urbevölkerung hinzudeuten, wie
auch Holl in einem im Innsbrucker naturwissenschaft-
lichen Verein am 20. Jänner 1886 gehaltenen Vortrag
mit Recht angenommen hat. Schaaffhausens in
der oben erwähnten Schrift S. 97 f. stehende Ausführungen über den Gegenstand fördern meines Erachtens die Sache nicht.

²³) Dionysios von Halik. I, 30. Nissen Italische Landeskunde 1, 495 Fussnote verweist noch auf
Cicero de deor. nat. II 11, de republica II 9, Gel-
lius Noct. Att. XI 7, 4.

²⁴) W. Corssen Über die Sprache der Etrusker
2 Bde., Leipzig 1874 und 1875. W. Deecke's Kritik
ist zu Strassburg 1875 erschienen. Eine übersichtliche
gemeinwissenschaftliche Darstellung der Etruskerfrage
findet man in G. Meyer Studien und Essays (Berlin 1885)
S. 13 f. Zu vergleichen sind auch meine Aufsätze im
„Boten für Tirol und Vorarlberg“ vom 14. Nov. 1885 (Nr.
261), 7. Dec. 1885 (Nr. 280), 10. Aug. 1891 (Nr. 180).

²⁵) W. Deecke liess zuerst vier Hefte Etruskische Forschungen erscheinen, (Stuttgart 1875
—1880), dann zusammen mit C. Pauli Etruskische
Forschungen und Studien (3 Hefte, Stuttgart
1881—82), und nachdem Pauli wegen der gleich zu
erwähnenden Erklärung Deecke's im zweiten Hefte von
der Mitherausgabe zurückgetreten war, noch drei wei-

tere Hefte (Stuttgart 1883—84), von welchen das
vierte eine Reihe „Beiträge zur Erforschung der etruskischen Sprache" von S. B u g g e enthält.

Bereits früher hatte C. P a u l i drei Hefte E t r u s-
k i s c h e S t u d i e n veröffentlicht (Göttingen 1880).
Ausserdem sind noch in den von B e z z e n b e r g e r
herausgegebenen Beiträgen zur Kunde der indogermanischen Sprachen von D e e c k e und B u g g e Aufsätze
zur Erklärung des Etruskischen veröffentlicht, von
denen ich insbesondere auf die Behandlung der Lehnwörter in der etruskischen Sprache durch den erstgenannten Gelehrten aufmerksam mache (III 161—186).
Auch P a u l i ' s A l t i t a l i s c h e S t u d i e n enthalten
Beiträge zur Kunde der etruskischen Sprache aus seiner
Feder und von H. S c h ä f e r. Von der Anführung
einiger kleinerer in anderen Zeitschriften erschienenen
etruskologischen Arbeiten sehe ich ab.

Die oben erwähnte Erklärung D e e c k e' s (Forsch.
u. Stud. 2, 64) lautet: „Sollte selbst hiervon manches
auf Entlehnung beruhen, so bleibt doch immer genug,
um das Etruskische dem i t a l i s c h e n Zweige des I n-
d o g e r m a n i s c h e n einzuordnen, so dass C o r s s e n
w e s e n t l i c h i m R e c h t e i s t und leider nur durch
eine Anzahl verhängnisvoller Irrtümer die erkannte
Wahrheit so verdunkelt hatte, dass ich mit manchen anderen an derselben irre wurde; doch habe ich mich
nie für n i c h t i n d o g e r m a n i s c h e n Ursprung des
Etruskischen e n t s c h i e d e n ausgesprochen, wenn mir
auch die nahe Verwandtschaft mit den anderen italischen Sprachen zeitweise s e h r u n w a h r s c h e i n-
l i c h gewesen war. Jetzt wo ich, nach einem erneuten
Aufbau des ganzen Sprachmaterials durchaus unabhängig von Corssen, ja meist im Widerspruch mit ihm
zu demselben Resultat, wie er, gelangt bin, möchte dasselbe wol einigermassen fester stehen. Ich aber scheue

mich nicht, dem anerkannten Irrtum zu entsagen und
der Wahrheit und ihm sofort die volle Ehre zu geben.«

So Deecke im Jahre 1882. Dagegen hat Pauli
nicht nur durch den Rücktritt von der Mitherausgabe
der Forschungen und Studien, wie bereits oben erwähnt worden ist, sondern auch zu wiederholten Malen
durch öffentliche Erklärungen in Zeitschriften und in seinen übrigen Veröffentlichungen Stellung genommen und,
wie ich glaube, mit Recht die von Deecke neuerdings
befolgte etymologische Methode als unzuverlässig und
die mit ihrer Hilfe gewonnenen Ergebnisse als unhaltbar bezeichnet. Vgl. übrigens Anmerkung 31. Auch
Schäfer sagt am Schlusse seiner Abhandlung über
die Nominativbildung im Etruskischen (C. Pauli Altitalische Studien 2, 73): „Ob es überhaupt jemals gelingen wird, Verwandte der Etrusker aufzufinden, erscheint mir sehr zweifelhaft. (Dies ist allerdings seit-
dem gelungen, vgl. Anm. 34). Es ist leicht möglich,
dass die Etrusker, wie die Basken, der Zweig eines
sonst spurlos untergegangenen Sprachstammes sind;
aber Indogermanen sind sie nicht.« Auch der Engländer A. H. Sayce Academy Nr. 714 neigt sich der
Pauli'schen Auffassung zu.

Es scheint mir zweckentsprechend, hier auf den Inhalt der wichtigsten Abhandlungen hinzuweisen, welche
in den oben angeführten Schriften niedergelegt sind. In
sprachlicher Hinsicht ist von musterhafter Klarheit die
Abhandlung Deecke's über die Conjunction -c (siehe
Anm. 33), ferner von grosser Wichtigkeit die etruskischen Bilinguen, deren leider nicht viele erhalten
sind. Pauli's Abhandlungen über die etruskischen
Formen *arnϑial* und *larϑial*, über *etera, lautn eteri,
lautni*, worüber auch Deecke gehandelt hat, über die
etruskischen Zahlwörter, welche in ganz anderer Weise
Deecke im 6. Hefte seiner Forschungen und Studien

behandelt, endlich Schäfer's Arbeiten über die Nominativbildung und Pluralbildung des Etruskischen.
Viele und darunter manche ganz sichere Deutungen hat
Pauli durch seine Abhandlung „Die Besitz-, Wid-
mungs- und Grabformeln des Etruskischen"
gewonnen. Von grosser Bedeutung sind ferner auch
in sachlicher Hinsicht Deecke's Arbeiten über das
etruskische Münzwesen, über die etruskischen Vor-
namen (zugleich von Wichtigkeit für die italische
Namengebung überhaupt) und über das sogenannte
Templum (Bronzeleber) von Piacenza, durch welche
D. sich grosse Verdienste um die Aufhellung der ver-
wickelten Disciplin der Haruspicin erworben hat. Aus
der Arbeit Deeckes über die etruskischen Beamten-
und Priestertitel, in welcher er schon vollständig unter
dem Banne der etymologischen Methode steht, kann
man deutlich ersehen, wie wir ohne andere Beihilfe
als die etymologische Combination sofort im Blinden
tappen, und die Entzifferung der Bleiplatte von
Magliano (Programm des Gymnasiums zu Buchs-
weiler im Elsass vom Jahre 1885) dürfte wol dem
begeistertsten Anhänger dieser Methode ein Kopfschüt-
teln verursachen.

    Wenn ich mich auch gegen Deecke's neueste Deu-
tungsversuche aussprechen musste, so sollen andererseits die grossen Verdienste ausdrücklich hervorgehoben
werden, die dieser Gelehrte um die Erforschung der
Sprachen und Völker des alten Italien sich erworben
hat und die ihm den Dank aller Fachgenossen für alle
Zeiten sichern werden.

    [26]) S. Bugge Etruskisch und Armenisch. Sprach-
vergleichende Forschungen. Erste Reihe. Christiania 1890.
Die Einleitung enthält eine Rechtfertigung des Stand-
punktes, den B. jetzt in der Deutung des Etruskischen
einnimmt. Übrigens ist auch Deecke mit der Schrift

nicht einverstanden, wie sich aus seiner Recension ergibt (Berliner philol. Wochenschrift 1891, Sp. 694 ff.); vergleiche ferner die kurze Anzeige im Lit. Centralblatt 1891, Sp. 79, die sich in ähnlichem Sinne, wie wir, ausspricht.

[27]) The Armenian Origin of the Etruscans. By Rob. Ellis. London 1861.

[28]) C. Moratti Studi sulle antiche lingue Italiche, Firenze 1887.

[29]) Sources of the Etruscan and Basque language. By Rob. Ellis. London 1886. (Nach dem Tode des Verfassers erschienen). Über das Buch vergleiche man C. Pauli in der Zeitschrift „Neue philol. Rundschau Jahrg. 1887, S. 389 ff." und v. d. G(abelentz) im Liter. Centralblatt 1887, Sp. 383 ff.

[30]) Den Inhalt dieses Gedichtes bildet die Schilderung des Krieges, den Johannes Patricius ums Jahr 550 in Afrika gegen die Mauren führte (Teuffel Röm. Literaturgeschichte 2. Aufl. S. 1126).

[31]) Indem ich auf die in Anmerkung 25 gegebene, wenn auch nicht vollständige Aufzählung der verschiedenenen Schriften Pauli's verweise, führe ich hier nur wegen ihrer Wichtigkeit die Abhandlung „Die wahre und die falsche Methode bei der Entzifferung der etruskischen Inschriften" an (Altitalische Studien 4, 93 ff.). Im Vorbeigehen will ich auch darauf aufmerksam machen, dass Pauli, um die Unhaltbarkeit der etymologischen Methode schlagend darzuthun, im zweiten Bande der eben erwähnten Studien S. 142 ff. eine von Bugge gedeutete etruskische Inschrift (s. Academy vom 6. Mai 1882) aus dem Litauischen deutete.

[32]) Ausser der betreffenden Notiz in dem Anzeiger der kaiserlichen Akademie d. W. hist.-phil. Kl. Nr. 1 v. J. 1892 vergleiche man einen Aufsatz von G. Ebers

über den Gegenstand in der Beilage Nr. 7 der Münchener allgemeinen Zeitung vom Jahre 1892.

[33]) Es dürfte vielleicht für die Leser dieser Schrift nicht ohne Interesse sein, einige etruskische Sprachproben zur Kenntnis zu nehmen. Ich wähle zunächst eine in einem Grabe zu Norchia gefundene Grabschrift (Fabretti Corp. inscript. Ital. 2071, Deecke Etruskische Forschungen 1, 8 f.): *larϑ: χurχles: arnϑal χurχles: ϑanχvilusc: cracial | clan: avils: ciemzaϑrms: lupu.* Diese Inschrift lautet in wortgetreuer Übersetzung: „Larth Churchle, Sohn des Arnth Churchle und der Tanchvil Craci des Jahres (seines Alters) . . . gestorben.' Ich mache aufmerksam auf das Genetivsuffix *-al*, Genetive sind ferner *χurχle-s, ϑanχvil-us, avil-s*, welches Wort sicher „Jahr" bedeutet, wie das wiederholt in Verbindung mit diesem Worte vorkommende *ril* die Bedeutung „Alter" hat. *-c* in *ϑanχvilus-c* ist Postposition mit der Bedeutung „und". *ciemzaϑrms* ist Genetiv einer Ordinalzahl, wahrscheinlich, wie sich aus weiter ausgreifenden Combinationen mit den anderen Inschriften ergibt, bedeutet *ci* „sechs" und *zaϑr* »zwanzig«. *lupu* hat wie das ebenfalls öfter vorkommende *lupuce* verbale Function. Man vergleiche *zilachnu* und *zilachnuce* „er war Zilach' (Beamtentitel). Andere Formen in verbaler Function sind *leine* „er ist gestorben", wozu man vergleiche *leinϑ*, Name der Todtengöttin (Locativ), *mulu* und *mulune* „widmete". *clan* bedeutet „Sohn", *seχ* »Tochter«, *puia* „Gattin", dagegen sind *nefts* und *prum(f)ts* aus lat. *nepos* und *pronepos* entlehnt. Ziemlich sicher gedeutet sind ferner *tivr* »Monat«, *usils* (Gen.) „Sonne», *acil* „Eigentum", *turu* »Geschenk". Besonders eigentümlich nehmen sich die Transcriptionen griechischer Wörter aus, wie *elχsntre, aχle, atlnta, clutmsta* für Ἀλέξανδρος, Ἀχιλλεύς, Ἀταλάντη, Κλυταιμήστρα. Wenn auch nach dem Gesagten

schon manches etruskische Wort mit Sicherheit gedeutet ist, gilt doch der Hauptsache nach. was H. Hirt
in den Indogerm. Forschungen I. S. 471 sagt: „Aber
leider ist die sichere Deutung des Etruskischen immer
noch ein frommer Wunsch.«

[34]) S. Bugge Der Ursprung der Etrusker, Christiania 1886; W. Deecke in der Zeitschrift „Rheini-
sches Museum« Bd. 41, 460 ff.; C. Pauli Eine vor-
griechische Inschrift von Lemnos, Leipzig 1886 (ist
bestimmt mit einem in nicht allzuferner Zeit zu er-
wartenden Nachtrag den zweiten Theil der altitalischen
Forschungen zu bilden). Als ein Curiosum erwähne ich
noch, dass Bréal in den Mém. d. l. soc. d. ling. VII
323 geneigt ist die Sprache der Lemnos-Inschrift für
die der homerischen „Σίντιες ἀγριόφωνοι" zu halten,
die nach Odyssee VIII, 294 und Ilias I 594 auf Lemnos
wohnten.

[35]) Zur Ergänzung der im Texte vorgebrachten
Bemerkungen über die Pelasger will ich noch einen
Ausspruch von Busolt (Geschichte Griechenlands bis
zur Schlacht bei Chaironeia, Gotha 1885, Bd. 1, 28)
anführen: „Man hat, wie gesagt, unter Berücksichtigung der Überlieferung festzustellen, was sich die Hellenen unter Pelasgern gedacht haben und sich im übrigen zu bescheiden.« Betreffs Hesselmeyer bemerke
ich noch folgendes. Von Herodotus ausgehend, der noch
unweit des thermäischen Meerbusens in Kreston und
am Südufer der Propontis in Plakia und Skylake Reste
der alten Pelasger mit barbarischer Sprache antraf
(1, 57) kommt der Verfasser zu dem von uns im Texte
verzeichneten Ergebnis. Auch Fr. Hommel hat in
einer Besprechung des Pauli'schen Buches, von der mir
nicht in Erinnerung ist, wo ich sie gelesen habe, seine
Zustimmung zu dessen Ausführungen ausgesprochen.
Die Nachrichten der Alten findet man bei Bruck

Quae veteres de Pelasgis tradiderint (Breslauer Disser-
tation 1884). Über die Pelasgerfrage vgl. auch Pöhlmann in J. v. Müller's Handbuch III, 364⁵. Über
den Namen speciell hat neuestens kühne Vermutungen
aufgestellt K. F. Johansson Beiträgezur griechischen
Sprachkunde S. 18 ff. (Upsala Universitets Årsskrift
1890). Er deutet ihn aus dem Griechischen als „Berg-
bewohner" oder „Felsgeborne". Ich habe übrigens
meine erheblichen Zweifel an der Richtigkeit dieser
Erklärung, kann aber hier auf eine ausführliche Kritik
von Johansson's weitausgreifender Untersuchung nicht
eingehen. Nur soviel bemerke ich, dass ja keineswegs
feststeht, ob der Name Πελασγοί wirklich grie-
chischer Herkunft ist. Vgl. meine Besprechung des
Johanssons'schen Buches in der Zeitschr. Neue phil.
Rundschau 1892, S. 1886.

Die im Texte kurz berührte Ansicht von Trendelenburg, die in weiterer Verfolgung zu einer eingehenden Erörterung der neuentdeckten mykenischen Cultur überhaupt führen und daher von einem Archäologen
aufgenommen werden müsste, ist zu lesen in der Zeitschrift Berl. philol. Wochenschr. Jahrg. 1890, Sp. 1095 f.

Hier sei auch noch der Vermutung Erwähnung
gethan, die von Bradke in seiner Schrift „Beiträge
zur Kenntnis der vorhistorischen Entwicklung unseres
Sprachstammes" (Festschrift zur Feier von Böthlingk's
50jährigem Doktorjubiläum, Giessen 1888), S. 34 über
die Verwandtschaft der Etrusker und Räter äussert.
Ich führe des ebengenannten Gelehrten Äusserung wörtlich an. „Denken wir nun an den Einfluss, welchen
die Etrusker auf den Cultus der gerade in diesen
Dingen streng an indogermanischer Art festhaltenden
Römer ausgeübt haben, so liegt die Vermutung nahe,
dass jenes rätselhafte Volk aus einer Verbindung ita-
lischer Indogermanen mit „rätischen" Stämmen her-

vorgegangen sei. Als die grosse Masse der italischen
Indogermanen gen Süden hinabzog, konnten kleinere
Theile des herrschenden Stammes in den nördlichen
Sitzen zurückgeblieben sein. Ihnen gehörten nach wie
vor die massgebenden Familien in Kirche und Staat
an, sie blieben die Gebieter des Volkes; um ihrer geringen Anzahl willen musste aber unter ihnen die alte
indogermanische Sprache eine ungleich tiefere Einwir-
kung seitens der beherrschten Masse erleiden, als sie
die Sprache ihrer italischen Stammesgenossen erfahren
hatte. Auch die aristokratische Verfassung der Etrusker
würde auf eine Vermutung ähnlicher Art hinführen.«
Ich kann diesen manches Thatsächliche, so die augen-
scheinliche Beziehung der Etrusker und tyrrhenischen Pelasger, ausserachtlassenden, auch sonst recht hypotheti-
schen Ausführungen keine überzeugende Kraft zusprechen.

   [36]) Die Auseinandersetzungen Helbig's finden sich
in seinem Buche „Die Italiker in der Poebene«, S. 99
—107 (Beiträge zur altitalischen Cultur- und Kunst-
geschichte I, Leipzig 1879) und in dem Aufsatze
„*Sopra la provenienza degli Etruschi*“ in den *Annali
dell' instituto archeologico* (1884) Bd. 56, 108—188.
Gegen Helbig ist namentlich G. A. O b e r z i n e r *I Reti
in relazione cogli antichi abitatori d' Italia* (Roma 1883)
in die Schranken getreten, jedoch ist Kritik die starke
Seite des Buches nicht, dessen Hauptwert auf sehr
fleissiger Zusammenstellung der Funde beruhen dürfte.
Wie sicher Helbig hinsichtlich der von ihm verfoch-
tenen Auffassung der Einwanderungsrichtung der Etrusker ist, beweist der folgende S. 100 des früher erwähnten Buches stehende Satz: „Andererseits ist es,
abgesehen von vereinzelten Gelehrten, die der Methode
und den Resultaten der modernen Forschung ferne
stehen, allseitig anerkannt, dass die Etrusker aus dem
Norden in die Apeninnhalbinsel einwanderten.«

[37]) F. von Duhn Bemerkungen zur Etruskerfrage in „Bonner Studien«. Aufsätze aus der Altertums-wissenschaft R. Kekulé zur Erinnerung an seine Lehr-thätigkeit in Bonn gewidmet von seinen Schülern (Bonn 1890), S. 37. Zu dem Aufsatze im allgemeinen, der die Thatsachen der Gräberfunde (Skelet- und Brand-gräber) zur Beurtheilung der paläo-ethnologischen Ver-hältnisse Etruriens zu verwerten sucht, vergleiche man die Bemerkungen von E. Reisch in der Zeitschrift Berl. phil. Woch. Jahrg. 1891, Sp. 1574 ff.

[38]) Eduard Meyer (Beilage der Münchener all-gemeinen Zeitung vom 25. September 1888) glaubte aus der Lage einer verschollenen Etruskerstadt in der Nähe von Marzabotto auf dem Plateau von Misano, welche nach seiner Meinung nur angelegt worden sein könne, um den Durchgang durch das Renus-Thal zu decken und die Verbindung mit Toscana zu sichern, schliessen zu können, dass die Etrusker von Süden her in das Poland eingedrungen seien. Besonders glaubte M. für die Richtigkeit seiner Auffassung an-führen zu können, dass sich in Marzabotto nur etrus-kische Altertümer aus der Zeit vom fünften Jahrhun-dert bis zum Einbruch der Gallier finden, wie der ita-lienische Archäologe E. Brizio in der Nuova anto-logia Anno XXII, 3. seria, vol. 7, fasc. 2, S. 306 aus-drücklich versichert. Ich kann weder über die Lage dieser alten Stadt aus eigener Anschauung ein Urtheil abgeben noch mit Sicherheit angeben, ob es mit den Funden sich wirklich so verhält.

[39]) Diese inschriftlichen Funde sind am besten verzeichnet bei Pauli Die Inschriften nordetruski-schen Alphabets Nr. 32—37 (S. 16—18) mit Abbil-dungen auf Tafel II. Die Inschriften der Funde von Meclo sind von C. Pauli veröffentlicht im *Archivio Trentino anno* VII S. 139—150, die Schriftzeichen der

Situla von Moritzing von Franz von Wieser in der
Zeitschrift des Ferdinandeums III. Folge, 35. Heft
(S. 17 und 18 des Sonderabdrucks). Bezüglich der Inschrift Nr. 32 Pauli (Bronzehandgriff von Matrei) theile
ich mit, dass nach neueren Untersuchungen, die Prof.
von Wieser angestellt hat, *pavises* und nicht, wie früher
gelesen wurde, *kavises* zu lesen ist. Es ist wol, wie
lavises auf dem Bronzeeimer von Caslyr der Name des
Besitzers im Genetiv. Von besonderem Interesse ist
die Inschrift der Kriegerstatuette von St. Zeno, die
von Pauli (S. 101) gewiss richtig gelesen und gedeutet
wird: *laturus ipianus apan in* = »des Larthur Eipianu
Geschenk (ist) dies.« Über die anderen Inschriften,
die in ihrem vollen Umfange bis jetzt nicht zu deuten
sind, muss ich mich begnügen auf die angeführte Litteratur zu verweisen. Unecht ist der Schlüssel von
Dambel mitsammt der daraufstehenden Inschrift, wie
Pauli Die Inschr. d. nordetr. Alphabets S. 37 ff. über-
zeugend dargethan hat.

[40]) Pauli a. a. O. Nr. 36 (S. 17) und S. 107. Die
Grabschrift lautet: *pnake ritamu layes*, was ganz gewiss nichts anderes bedeutet als *„Benacus Vindamo
Lauci* (sc. *filius)“*. Diese unzweifelhaft gallischen Namen sind nach etruskischer Orthographie und Laut-
gebung umgeformt.

[41]) F. von Duhn die Benutzung der Alpenpässe
im Altertum (Neue Heidelberger Jahrbücher 1992,
Jahrg. II, Heft 1). S. 62 ff. Ich verdanke die Kenntnis
dieser hochinteressanten Abhandlung, durch welche das
ältere Werk von H. Genthe Über den etruskischen
Tauschhandel nach dem Norden (Neue, erweiterte Bearbeitung. Frankfurt a. M. 1874) in vielen Punkten
stark erschüttert wird, der Liebenswürdigkeit meines
archäologischen Collegen E. Reisch.

[42]) Massaliotische und makedonische Münzen hat man auf dem Dos Trento, in Valsugana, in Brentonico gefunden. Über die rätischen Münzfunde vgl. im allgemeinen von Planta Das alte Rätien S. 33 Anm. 2, G. A. Oberziner I Reti u. s. w. S. 227 f. Die bei C. Pauli Die Inschriften nordetruskischen Alphabets S. 4 f. (Nr. 1—10) verzeichneten Münzlegenden stammen von aussertirolischen Münzen. Ein Verzeichnis der Fundorte antiker Münzen in Tirol von P. Flavian Orgler in der Zeitschrift des Ferdinandeums 3. Folge, 22. Heft, S. 59 f. Sehr belehrend über die Bedeutung der Münzfunde für die Erkenntnis der alten Handelswege sind die Bemerkungen von Duhn's in der in der vorausgehenden Anmerkung erwähnten Abhandlung S. 63 f.

[43]) Die toponomastische Litteratur über Tirol (und Österreich) findet man übersichtlich zusammengestellt und beurtheilt bei J. J. Egli Geschichte der geographischen Namenkunde (Leipzig 1886), S. 119 ff. und S. 242 ff. Die Steub'schen Schriften findet man auch angeführt von Bidermann Die Romanen und ihre Verbreitung in Österreich S. 63 Anm. 1. Hinzuzufügen ist noch die 1887 erschienene Schrift „Zur Ethnologie der deutschen Alpen.“ Von anderen grösseren Arbeiten, die sich auf Namenerklärung beziehen, ist vor allem zu erwähnen das Buch von Chr. Schneller Tirolische Namenforschungen (Innsbruck 1890), in welchem allerdings, wie bereits im Texte angedeutet ist, zunächst die Namen des Lagerthales, jedoch mit weiten Ausläufen auf tirolische Namen überhaupt in eingehender und sehr gründlicher Weise behandelt werden. Man vergleiche W. Meyer-Lübke in der Zeitschr. f. d. österr Gymn. 1891, 55 ff. und in der deutschen Literaturzeitung 1892, Nr. 45, v. Grienberger im Anzeiger für deutsches Altertum 1891, 60 ff. und meine kurze Anzeige in d. Zeitschr. d. Ver. f. Volkskunde I, 222 ff.

Es sind ferner zu nennen die Arbeiten von A. Unterforcher: Romanische Namenreste aus dem
Pusterthal (Programm des k. k. Staats-Obergymna-
siums in Leitmeritz 1885); Beiträge zur Dialekt-
und Namenforschung des Pusterthals (Programm ib. 1887); Zur slavischen Namenkunde
aus Ost-Pusterthal ib. 1889; ferner Beiträge
und Berichtigungen zur slavischen Namenforschung aus Ost-Pusterthal und Rätoromanisches aus Tirol (Programm des k. k. Staatsgymnasiums in Eger 1890), Rätoromanisches aus
Tirol (Programm von Eger 1891) und Zur slavischen Namenforschung in Tirol und Rätoromanisches aus Tirol (Programm von Eger 1892). Sehr
erwähnenswert, wenn auch nicht auf Tirol bezüglich sind
»Die Romanischen Ortsnamen des Kantons St. Gallen von .
Dr. W. Götzinger« (St. Gallen 1891). Aus dieser Schrift
führe ich eine Stelle an (S. 4), welche den Begründer der
rätischen Namenforschung in durchaus richtiger Weise
charakterisiert: »Wenn Steub bei den tausenden von
Ortsnamen in Tirol und Graubünden, die er zu ent-
rätseln versucht, in vielen Fällen mit mehr Kühnheit
als Wissenschaftlichkeit vorgegangen ist (nach ihm ist
unter anderm die Germanisierung der romanischen Ortsnamen ohne jede Berücksichtigung von lautlichen Gesetzen vor sich gegangen), so gebührt ihm doch das
Verdienst, durch seine liebevolle Hingabe und durch
unermüdlichen Eifer der rätoromanischen Ortsnamenforschung eigentlich die Bahn gebrochen und den Weg
geebnet zu haben.«

Für die Steub'sche Namenhypothese, die ich gegen-
wärtig nicht mehr in vollem Umfange vertreten kann,
wie aus meinen oben S. 44 stehenden Ausführungen hervorgeht, haben sich unter anderen erklärt
J. Egger Die Tiroler und Vorarlberger (Wien und

Teschen 1882) S. 26, F. Dahn Urgeschichte der
germanischen und romanischen Völker III, 17: A. Huber Geschichte Österreichs I, 4¹, S. Riezler Geschichte Baierns I, 53². Huber bemerkt a. a. O.:
»Manche Forscher halten die Bewohner Rätiens für
Kelten oder wenigstens für ein keltisch-rasenisches Misch-
volk. Allein die Angaben der römischen Historiker (folgen die drei in den Anmerkungen 15, 17, 18 aufgeführten Stellen) in Verbindung mit den Namenforschungen Steubs scheinen mir für die Bewohner des
grössten Theiles Rätiens die Verwandtschaft mit den
Etruskern genügend darzuthun.« Auch Riezler's
Äusserung a. a. O. bedarf einigermassen der Richtig-
stellung. Sie lautet: „Wie Schichten im Gestein lagern
in Tirol die Ortsnamen aus verschiedenen Sprachen
übereinander. Als die ältesten wahrscheinlich etruskische, darüber keltische, über beiden romanische, über
allen deutsche, und diese Mischung lässt keinen Zweifel,
in welchem Grade auch die Tiroler Bevölkerung ethnologisch gemischt ist.« Von Sprachforschern haben sich
C. Pauli Die Inschriften nordetruskischen Alphabets
S. 109 und E. Windisch bei Gröber Grundriss
der romanischen Philologie I, 289, erstgenannter allerdings mit einer gewissen vorsichtigen Zurückhaltung
für Steub ausgesprochen. Vgl. auch die Bemerkungen
von Hesselmeyer Die Pelasgerfrage S. 103 f.

[44]) *umranaś* bei Fabretti Corpus Inscript. Italica-
rum 786, *umranei* 783, *umreś (upnreś)* 2276. Vgl.
Deecke-Pauli Etruskische Forsch. und Stud. III,
109 und Deecke Etrusk. Forsch. u. Stud. V, 100.

[45]) P. Orsi im Archivio Trentino III, 254; die
übrigen Namen siehe ib. IV, 12; 13.

[46]) C. Pauli Die Inschriften des nordetruskischen
Alphabets, S. 109.

⁴⁷) R. v. S c a l a in der Zeitschrift für die österreichischen Gymnasien, 37 (1886), S. 539, Anm. 1.
Zu dem im Texte über spontanen Wechsel von *n* und
l im Anlaute Bemerkten füge man noch hinzu, dass
Naturns im Burggrafenamte im Volksmunde *Laturns*
heisst, wie ich dem interessanten Aufsatze von J. T a r-
n e l l e r Die Hofnamen des Burggrafenamtes in Tirol
(Programm des k. k. Gymnasiums von Meran 1892),
S. 1 entnehme. Ich halte nämlich Anlehnung an *Ladurn*, die T. annimmt, für sehr wenig wahrscheinlich.

⁴⁸) Vgl. „Bote für Tirol und Vorarlberg" vom
31. Dezember 1890, Nr. 299.

⁴⁹) *velϑurnes* ist ein Genetiv, wie *relϑurs* und *vel-
ϑurus,* vgl. Deecke Etruskische Forschungen III. 122 f.

⁵⁰) Über das Folgende ist besonders Z i p p e l Die
römische Herrschaft in Illyrien S. 255 f. nachzusehen.

⁵¹) Sie hatten den Namen vom Flusse, der bei
Strabon Ἰσάρας heisst. Nach Z e u s s Die Deutschen
und ihre Nachbarstämme S. 237 heisst der Fluss noch
Ysarche flumen in Act. S. Cassiani (ap. Resch. Annal.
Sabion. 4, 7). Trotz der wahrscheinlich keltischen *Isara*
braucht *Isarcus* keineswegs keltisch zu sein. An *Is-ar-
cus* Ἰσ-άρας erinnert übrigens das I s e l thal und der
Name Berg I s e l.

⁵²) S t r a b o n IV, 6, 9, vgl. Z i p p e l a. a. O. 288.

⁵³) Für *Caenaunes* des tropaeum Alpium hat Ho-
ratius in der bekannten Stelle carm. IV, 14, 10 die
Form *Genauni,* Strabon Γεναῦνες; auch die Βευλαῦνοι
des Ptolemaios und die *Cenni* des Florus werden dieselben sein. Die im Texte erwähnte Deutung von
V a l g e n c i n rührt meines Wissens von H o r m a y r
her (Gesch. v. Tirol 36). S t a f f l e r möchte lieber mit
Rücksicht auf diese Deutung V a l g e n ä u n schreiben.
An älteren Formen, die neben dem im Texte hervorgehobenen Grunde ganz entschiedene Einsprache gegen

den Zusammenhang mit Genauni erheben, führt
Unterforcher Progr. d. k. k. Staatsgymn. in Eger
1891, S. 31 *Valkaney* (1449), *Valkneve* (gegen 13. Jahrh.),
Valchnith (12. Jahrh.) an, wozu aus den Urbaren Meinhards II., herausgegeben v. O. von Zingerle, Fontes
rerum Austr. 2. Abth. XLV. Bd., S. 74 (XII 15) noch
kommt „*datz Valchnie*". Zusammenhang mit *canna,* den
Unterforcher annimmt, scheint mir nicht allzu sicher.

Über die Breuni ist die Anm. 5 aufgeführte Schrift
von A. Jäger zu vergleichen. Ob in der Form *Brenni,*
die doch wohl in unserem *Brenner* wiederkehrt, Anschluss „an jene verschiedenen Brenni, welche Delphi
und Rom verwüsteten", vorliegt, wie O. Keller Lateinische Volksetymologie und Verwandtes S. 14 will,
ist doch mehr als zweifelhaft.

[54]) Zeuss Die Deutschen und die Nachbarstämme
236, Zippel a. a. O. 255.

[55]) Strabon IV, 206: „οἱ δὲ Οὐινδελικοὶ καὶ
Νωρικοὶ τὴν ἐκτὸς παρώρειαν κατέχουσι τὸ
πλέον μετὰ Βρεύνων καὶ Γεναύνων, ἤδη
τούτων Ἰλλυριῶν."

[56]) Zeuss a. a. O. S. 237: „Über den Isarci, jenseits des Brenners, fand Drusus abwärts Breuni,
Genaunes, Focunates. In der Meinung, auf dieser Seite nach Illyrien hinabzukommen, sah man gleich
Illyrier in den Völkern des Innthals." Auch F. Dahn
Urgeschichte u. s. w. III, 39 scheint Zeuss' Ansicht
nicht zu theilen.

[57]) Gegen die Richtigkeit der von Strabon überlieferten Ansicht spricht sich aus L. Contzen Die
Wanderung der Kelten (Leipzig 1861), S. 56 f., aber
ohne zureichenden Grund.

Über die Völkerschaft der Breuci, welche nach
Ptolemaios II, 14 in der Südwestecke von Niederpan-
nonien, nach Plinius III, 25, 147 an der Save unter-

halb der Colapianer wohnten, vgl. ausserdem S t r a b o n
VII, 314; J. J u n g Die romanischea Landschaften u. s. w.
354, Z i p p e l a. a. O. 309.

⁵⁸) Dies ist geschehen in dem Buche von C. v o n
C z ö r n i g Die alten Völker Oberitaliens (Wien 1885),
das in Hinsicht auf Ethnologie in manchen Punkten
einen Rückschritt unserer Kenntnisse bedeutet.

⁵⁹) Herodot 1, 196: „(νόμος), τῷ καὶ Ἰλλυριῶν Ἐνετοὺς πυνθάνομαι χρᾶσθαι.‟

⁶⁰) Pauli, der bereits in seinem öfter erwähnten
Buche „Die Inschriften des nordetruskischen Alphabets
S. 112 ff.‟ zu dem im Texte angedeuteten Ergebnisse
gekommen war, hat in dem dritten Bande der A l t -
i t a l i s c h e n F o r s c h u n g e n (Leipzig 1891), auch
unter dem Sondertitel „Die Veneter und ihre Schrift-
denkmäler‟, die Untersuchung in der umfassendsten und
überzeugendsten Weise geführt. Hinsichtlich der Deu-
tungsversuche Pauli's, die in einer nicht unbeträcht-
lichen Anzahl von Fällen als ziemlich sicher bezeichnet
werden müssen, gibt der ausgezeichnete Kenner der
albanesischen (albanischen) Sprache, die eine Tochter
der altillyrischen Sprache ist, G. M e y e r, in der Berl.
philol. Wochenschrift Nr. 9 und 10 v. J. 1892 mehrere wertvolle Winke, die Pauli veranlassen dürften,
von einigen seiner Deutungen abzugehen.

Über die Veneter im allgemeinen vgl. man H. N i s -
s e n Italische Landeskunde I, 488 ff. Auch Dr. F l i -
g i e r, Mittheilungen der anthrop. Gesellschaft in Wien
VII, 289 bringt einiges Berücksichtigenswerte über die
Illyrier bei. — Den Namen hat G. Meyer a. a. O. nach
dem albanesischen *rent*, mit Artikel *vendi* „Ort, Land,
Heimat‟ als „die Eingeborenen‟ gedeutet.

⁶¹) Dies müsste der Fall sein, wenn U n t e r f o r -
c h e r Recht hätte, den Namen P u s t e r t h a l von den
P i r u s t e n (er schreibt P y r u s t e n) abzuleiten (Pro-

gramm d. k. k. Staatsgymnasiums in Eger 1890, S. 12).
Jedoch schwebt diese Ableitung schon deswegen in der
Luft, weil die Pirustae sicher nicht im Pusterthale ihre Wohnsitze gehabt haben, wie deutlich aus
Cäsar b. G. V, 1, Livius XLV, 26, Strabon VII, 314
(vgl. Zeuss Die Deutschen und die Nachbarstämme 254)
hervorgeht. Die Pirustae oder Πειρούσται (daher auch Perustae, (Velleius II, 115) waren ganz
gewiss ein illyrisches Volk, das nach Strabon seine
Wohnsitze in Pannonien hatte. Also berechtigt
nichts zur Annahme, dass sie im Thale der Rienz
ihre Sitze gehabt haben sollten. Woher Beda Weber
(Das Land Tirol II, 72) sein *vallis pyrustica* haben
mag, ist mir unbekannt. Auch von sprachlicher Seite
stehen der von U. versuchten Erklärung *(Pirust Prust
Pustr-itius)* ganz erhebliche Bedenken entgegen. Man
könnte höchstens sagen, wenn man die bekannte Ableitung des Namens aus dem Slavischen nicht annehmen will, das Wort erinnere nach seiner Lautgestalt
an illyrische Bildungen, wie Pirustae.

[62]) A. B. Meyer Gurina im oberen Gailthal (Dres-
den 1885). Die zu Gurina und Würmlach gefundenen
Inschriften siehe bei C. Pauli Die Inschr. nordetrusk.
Alph. Nr. 91—98 (S. 33 f.) und Altitalische Forschungen III, S. 62 ff.

[63]) Der in Frage stehende Grabstein ist mitgetheilt
von P. Flavian Orgler in den Mittheilungen der
Centralcommission zur Erf. u. Erh. der Baudenkmäler
Bd. XIII (1868), CIV f. Siehe jetzt C. Pauli Die Inschriften nordetr. Alph. Nr. 88, S. 32 und Altital.
Forsch. III, Nr. 272, S. 60. Der neueste Herausgeber
vermag auf diesem Grabstein, der übrigens zwei Inschriften trägt, nur den Nominativ des männlichen
Familiennamens *kalros* und die Thatsache festzustellen,
dass der Träger desselben im 42. Jahre starb, wie die

beigesetzte römische Zahl XLII beweist. Durch den Vergleich mit einer anderen venetischen Grabschrift scheint *or* als Abkürzung des Wortes für „Jahr" zu erkennen. Von der etwas umfangreicheren zweiten Inschrift sind nur die Namen *tinch, mesneh* zu deuten, welche nach Pauli Genetive des Singulars weiblichen Geschlechts sein sollen. Jedoch müssen wegen G. Meyer's a. a. O. vorgebrachten Einwendungen die beiden Formen wol anders erklärt werden. In lateinischem Gewande würden diese venetischen Namen *Calarus* und *Tin- Messin-.* (Nom. *Tina Messina*) lauten.

⁶⁴) C. Pauli Die Inschr. nordetr. Alph. S. 121; Altit. Forsch. III, 419, 420.

⁶⁵) Zeitschrift für die österreichischen Gymnasien 1886, 518 und C. Pauli Altit. Forsch. III, 419.

⁶⁶) Siehe jetzt besonders C. Pauli Altit. Forsch. III, 420 f., ebenso wegen des Folgenden; bezüglich des Flussnamens *Dravus* auch Tomaschek in Mittheil. der k. k. geogr. Gesellsch. N. F. XIII 497 ff., 545 ff., vgl. Egli Gesch. d. geogr. Namenkunde S. 295.

⁶⁷) G. Meyer Etymologisches Wörterbuch der albanesischen Sprache (Sammlung indogermanischer Wörterbücher III, Strassburg 1891), S. 276 und 248.

⁶⁸) Mehrere sind verzeichnet von W. Meyer-Lübke Grammatik der romanischen Sprachen I, S. 46. Ein vorrömisches Wort dürfte vielleicht auch dem nach Chr. Schneller Tirolische Namenforschungen 177 ff. in Ortsnamenbildungen sehr häufig vorkommenden *tovo* (Holzriese, Bergrinne), für das sich kein lateinisches Etymon auftreiben lassen will, zu Grunde liegen.

⁶⁹) Vgl. das Anmerkung 53 citierte Werk VII, 54 (S. 41). Auch im Urbar des Peter Siebenberger von Hohenwart (Urbare der Stifte Marienberg und Münster u. s. w. von P. B. Schwitzer S. 313, 314) findet sich die Form *Vels.* Ob noch ältere Formen

nachzuweisen sind, ist mir nicht bekannt. Für das gleichnamige **Völs** bei Kastelrut ist in einer Schenkungsurkunde des Königs Arnulf vom Jahre 888 die Bezeichnung „*in monte Velles*" nachzuweisen (Tirol. Weisthümer IV, 770).

[70]) Vgl. das Verzeichnis der illyrischen Personennamen bei C. **Pauli** Altital. Forschungen III, 352 ff., wo sich finden *Velsonis* CIL. V 1, 420, *Velsounae* III 1, 3038 und daneben noch häufiger *Volso* III 1, 3040, 3053; 3134; V 1, 463; *Volsounae* CIL III 1, 3149, *Volsun-* 3151. *Lannus* und *Lanno* V 1, 3655. Für **Lans**, das Schneller seinerzeit aus *villanes* „Herkömmlinge von Vill‹ gedeutet hat (Streifzüge zur Erklär. tirol. Ortsnamen S. A. S. 20), finden sich in den Urbaren Meinhards II. die Formen *Lens* (VII 13), *Lense* (VII 47), *Laense* (VII 170), in welchen nach der Gewohnheit dieses Schreibers *e* und *ae* den hellen *a*- laut bezeichnen (v. Zingerle in der Einleitung S. 10). *Laense* ist natürlich abstrahiert aus „*ze Laense*". Die Form **Lannes** (12. Jahrh.) führt Unterforcher im Programm von Eger 1892, S. 48 an, ohne eine Deutung dieses Namens zu versuchen. Auch denke man an die nahegelegenen **Sistrans**, **Rans**, **Aldrans**. Übrigens will ich nochmals ausdrücklich bemerken, dass ich mit diesem Einfall etwa nicht das Rätsel dieser Namen gelöst zu haben beanspruche.

[71]) A. **Jäger** in der Anmerkung 5 angeführten Schrift S. 77 ff.

[72]) C. **Pauli** Altital. Forsch: III, 437.

[73]) Man vergleiche Anmerkung 14. Ausserdem A. **Panizza** *Sui primi abitatori del Trentino* im *Archivio Trentino Anno* I (1882) 1 ff. Der Arbeit ist eine hübsche Karte der prähistorischen Fundstätten des Trentino beigegeben. Ein Aufsatz von P. **Orsi** *La stazione litica del Colombo di Mori e l' età della pietra*

nel Trentino im *Estratto dal Bolletino di Paletnologia italiana Anno* VIII n. 7—12 (Reggio 1883) ist mir nur durch eine Anführung in dem früher genannten *Archivio Trentino* II 127 f. bekannt geworden. Über Funde aus der Steinzeit im übrigen Tirol gibt es meines Wissens keine zusammenfassende Arbeit. Ein Verzeichnis bei Tappeiner Stud. z. Anthropologie Tirols S. 6. Erwähnen muss ich hier auch eine Schrift von Fr. Weber „Die Besiedlung des Alpengebietes zwischen Inn und Lechthal und des Innthales in vorgeschichtlicher Zeit" (Sonderabdruck aus „Beiträge zur Anthropologie und Vorgeschichte Baierns"). Diese Schrift enthält eine Zusammenstellung der prähistorischen Funde aus dem Gebiet, das im Osten und Süden vom Inn, im Westen vom Lech begrenzt ist, und dessen nördliche Grenze durch eine gerade Linie von Epfach *(Abodiacum)* am Lech nach Pfunzen *(Pons Aeni)* abgesteckt ist. Was die Schrift für unsere Zwecke besonders brauchbar macht, ist der Umstand, dass die prähistorischen Funde aus dem Innthal bis Landeck verzeichnet sind. Leider sind dieselben, wie ich aus verlässlicher Quelle erfahre, nicht vollständig angegeben: denn der Verfasser hat zwar aus den Veröffentlichungen des Ferdinandeums die Fundberichte vollständig zusammengetragen und die Sammlungen desselben benützt, aber zu einer Zeit, wo noch nicht alle Funde geordnet und aufgestellt waren. Den Wert der Arbeit erhöht das beigegebene hübsche Kärtchen, meines Wissens für dieses Gebiet der erste derartige Versuch, der uns, worauf ich ausdrücklich hinweisen will, zeigt, dass das Gebiet vom Staffel- und Tegernsee südlich bis zum Innthale in prähistorischer Zeit unbewohnt gewesen sein dürfte, da hier von einigen wenigen Einzelfunden abgesehen, alle Spuren einer prähistorischen Bevölkerung fehlen.

[74]) Auch von Bradke in der Anmerkung 35 erwähnten Schrift S. 2 hält nicht Ausrottung der früheren (nicht indogermanischen) Bevölkerung, sondern
Unterjochung für wahrscheinlich. Allerdings ist es ihm
besonders darum zu thun, den Gesichtspunkt der
Sprachmischung auch für die vorgeschichtliche Entwicklung der Indogermanen geltend zu machen.

[75]) So spricht Panizza in dem Anmerk. 67 erwähnten Aufsatze von Umbrern als ersten Ansiedlern
in Wälschtirol. Vgl. zur Sache Helbig Die Italiker
in der Poebene S. 41 f.

[76]) Müllenhoff Deutsche Altertumskunde II,
236 ff., besonders 268. Ausserdem vgl. Zeuss Die
Deutschen und die Nachbarstämme 182 ff. Über die
keltischen Alpenvölker im allgemeinen F. Dahn Urgeschichte der germ. u. rom. Völker I, 11 f.; III, 37 f.

Über die Kelten im alten Noricum vergleiche man
die verständigen Ausführungen von Dr. Zillner in den
Mittheil. der anthrop. Gesellsch. in Wien XII, S. 8 ff.
Nur auf die Zosimus-Stelle (I, 52) hätte, soweit
sie die Räter betrifft, kein solches Gewicht gelegt
werden sollen, vgl. H. Nissen Italische Landeskunde
I, 485 Anm. 2.

Noch sei auf die bereits Anmerk. 22 erwähnte Abhandlung von Schaaffhausen „Die Kelten" (Festschrift zum fünfzigjährigen Jubiläum des Vereins von
Altertumsfreunden im Rheinlande, Bonn 1891, S. 62
—106) aufmerksam gemacht, wenn ich mich auch der
Ansicht des Verfassers, der die Kelten von den Galliern trennt und letztere mit den Germanen zu einer
Völkergruppe vereint, aus verschiedenen Gründen durchaus nicht anschliessen kann. Da Sch. zu seinen Ergebnissen auf Grund kraniologischer Erwägungen gelangt ist, steht mir eine Beurtheilung seiner Beweisführung nicht zu. Aber mit Rücksicht auf die histo-

rischen und sprachlichen Zeugnisse lässt sich wol mit Sicherheit behaupten, dass seine Ansicht unhaltbar ist.

[77]) Nissen a. a. O. 477. Über die Formen des Namens Böhmen Zeuss Die Deutschen u. s. w. S. 641.

[78]) Dr. J. Undset Das erste Auftreten des Eisens in Nordeuropa. Deutsche Ausgabe von J. Mestorf (Hamburg 1882) S. 42 f.

[79]) Vgl. W. Glück, Sitzungsberichte der kgl. bair. Akademie philos.-philol.-histor. Classe 1865 I 1 ff., Müllenhoff, Zeitschrift für deutsches Altertum u. s. w. von E. Steinmeyer 1876, S. 26 ff. (= Archiv für slavische Philologie von V. Jagič I (1876) S. 290 ff.); F. Dahn Urgeschichte der germ. und rom. Völker III, 14.

[80]) So nennt sie Strabon; bei Ptolemaios, der sie den Norden des Landes bewohnen lässt, heissen sie Βριξάνται, auf dem tropaeum Alpium *Brixentes*. Vgl. übrigens auch oben S. 49 f.

[81]) F. Dahn Urgeschichte u. s. w. III, 25.

[82]) Dieser einzige Name, *Matreia*, wird von Zeuss mit *Medio-matricum* verglichen. Die gewönlichere Form ist meines Wissens *Matreium*, das vielleicht mit Rücksicht auf *Matureium Matureia* von dem Personennamen *Maturus* abgeleitet werden könnte, wie Unterforcher Programm von Eger 1891, S. 23 will. Aber ich halte diesen Namen für vorrömisch und zwar vornehmlich aus sachlichen Gründen, da ja die übrigen an diesem Strassenzuge gelegenen Orte, deren in den Itinerarien und anderen Quellen Erwähnung gethan wird, gewiss unrömische Namen tragen. Auch sprachlich schliesst sich *Matreia (-um)* besser an *Celeia Noreia* an, die zwar von Zeuss als keltisch bezeichnet werden, aber gewiss eher illyrisch sind. Jedenfalls ist

kein zwingender Grund vorhanden *Matreia*, beziehungsweise *Matreium* für's Keltische in Anspruch zu nehmen.
Die Autorität des genialen Forschers hat manchen
Epigonen zu sehr gewagten Versuchen mit dem Keltischen auf onomatologischem Gebiete verleitet. Allein
ich lasse mich hier nicht auf Anführung unbrauch-
barer Versuche ein. Erwähnen will ich nur die Arbeiten des grossen Keltomanen M. K o c h, vgl. Die
Alpenetrusker (Leipzig 1853), Die älteste Bevölkerung
Österreichs und Baierns (Leipzig 1856).

[83]) Vgl. V. H e h n Das Salz (Berlin 1873) S. 40
—58; J. G r i m m Geschichte der deutschen Sprache
300; D i e f e n b a c h in Jahns Jahrbüchern 1858,
S. 751 f.; F r. K l u g e Etym. Wörterb. s. v. »Halle«
(4. Aufl. S. 128): S c h m e l l e r I, 1074 f.; H e y n e in
Grimms Wörterbuch IV, 2, 230. Über B e z z e n b e r-
g e r s Vortrag vergleiche man das Correspondenzblatt
der deutschen Gesellschaft für Anthropologie vom Jahre
1875, Nr. 10, S. 76 f. Übrigens vgl. auch E g l i Geschichte der geogr. Namenkunde S. 216.

[84]) Siehe Corp. Inscript. Lat. III, S. 735, wo es
von dieser Strasse heisst: „*quae potest esse ea, cuius
vestigia visuntur infra Helfendorf prope Tegernsee et in
valle Achern* (1. *Achen*), *unde transit in vallem Aeni*
(Verhandlungen für Niederbaiern 5, 374)«. Die Ansicht K i e p e r t's steht S. 1051.

[85]) Siehe W e s s i n g e r in der Zeitschr. d. deutsch.
u. österr. Alpenvereins Bd. XIX (1888) S. 125: »Masciacum wird dann nach Strass zu verlegen sein, schon
im Hinblick auf den Namen und die Wichtigkeit einer
Station am Eingang in's Zillerthal.« Der Titel des
lesenswerten Aufsatzes ist: » Ein onomatologischer Spa-
ziergang im Unterinnthal.« Bezüglich B. W e b e r's
vgl. dessen Land Tirol Bd. I, S. 542: «Wenn auch
beim Schlosse Matzen an das römische Masciacum nicht

wol zu denken ist aus mehr als einem Grund, so
leuchtet doch die Wahrscheinlichkeit einer römischen
Ansiedlung auf Reith sehr ein, um die Heerstrasse
an einer höchst wichtigen Stelle mit Kraft und Nach-
druck zu vertheidigen.« Meines Erachtens liesse sich
recht wol denken, dass sich die Römerstrasse auf der
Höhe, die sich rückwärts hinter dem gegenwärtigen
Schlosse Matzen erhebt, hinzog. Leider bin ich über
allfällige Fundthatsachen nicht unterrichtet, die auf die
Sache Licht zu werfen geeignet wären. Auch bin ich nicht
in der Lage, eine Form des Namens vor dem 13. Jahrhundert nachzuweisen. In den Monumenta Boica VII,
136 findet sich nämlich „*in Burgo Matcii*" vom Jahre
1263. Obwol es mir im Hinblick auf den nächsten
Zweck dieser Zeilen nur darum zu thun war, den
Ortsnamen *Masciacum* als aller Wahrscheinlichkeit nach
keltischen zu bezeichnen, hätte ich doch nicht unterlassen
sollen anzuführen, dass derselbe schon von Muchar
in seinem Werke „Das römische Norikum" (Graz 1825)
mit dem heutigen Matzen identificiert worden ist,
und dass auch Staffler in seinem bekannten Werke
dieselbe Ansicht vorgetragen hat. Dass ich diese Unter-
lassungsünde noch eben rechtzeitig gut machen kann,
verdanke ich der Liebenswürdigkeit meines verehrten
Freundes Franz Lipperheide, der mir mit der
grössten Bereitwilligkeit seine auf Matzen bezüglichen
Sammlungen zur Verfügung gestellt hat. Leider enthalten sie keine urkundlichen Daten über das Vorkommen des Namens in älterer Zeit. Jedoch darf ich
nicht unterlassen ausdrücklich anzuführen, dass auch der
bekannte Geograph H. Kiepert nach brieflicher Mittheilung geneigt ist, die Station Masciacum an den
Eingang des Zillerthales zu verlegen, und insbesondere
hebe ich hervor, dass auch er der Ansicht ist, dass
der Name keltischen Ursprungs sei. Mag also die

Identificierung von Masciacum und Matzen, die ja auch ich nur als eine mögliche bezeichnet habe, immerhin in der Luft schweben, für mich war es höchst befriedigend, in Kieperts Ausführungen eine Bestätigung meiner eigenen Ansicht über die Herkunft des Namens Masciacum aus dem Keltischen zu finden.

[86]) Über Voldepp siehe Wessinger in der Zeitschrift des deutschen und österreichischen Alpenvereins XVI (1885), 161 f. Über die Flussnamen auf -*pe* Müllenhoff Deutsche Altertumskunde II, 227. Ich bemerke, dass ein Verwandter des keltischen Wortes in lat. *amnis* (aus *ab-ni-*, vgl. *Samnium* neben *Sabini*) vorliegt. Das ahd. *aha*, got. *ahva*, das in den Flussnamen auf -*ach*, wie *Salz-ach* (**salz-aha*) und -*a*, z. B. *Fulda* erhalten ist, ist sicher nur mit lat. *aqua* verwandt.

[87]) Auch im Albanischen wird lat. $\bar{u}$ ausser vor Doppelconsonanz in lat. Lehnwörtern durch *ü* wiedergegeben, z. B. *brümς* lat. *brūma*, vgl. G. Meyer bei Gröber Grundriss der rom. Philol. I 811. Bezüglich des Romanischen ist besonders Ascoli Sprachwissenschaftliche Briefe (Gütersloh 1887) S. 18 ff. zu vergleichen, der für gallischen Ursprung des *ü* eintritt. Die gegnerischen Stimmen, insbesondere Thurneysen Keltoromanisches 10 ff., bei W. Meyer-Lübke Grammatik der romanischen Sprachen I, 533 f. Im rätoromanischen Gebiet (bis zum Avisio- und Gadera-Thal) des heutigen Tirol wird die Umbildung des *u* zu *ü i* durch den Einfluss des Lombardischen erklärt (Gartner ib. 476). Übrigens habe ich *ö*- und *ü*- färbige Aussprache des *o* und *u* auch im Wipthale beobachtet.

[88]) Bidermann Die Romanen und ihre Verbreitung in Österreich S. 72 führt die vier Namen *Gstan, Persall, Rifal, Vallruy* an.

[89]) P. Orsi *La necropoli italica di Vadena*. Ro-

vereto 1883 *(Estratto dal* IX. *annuario degli Alpinisti Tridentini* 1882/83).

[90]) P. O r s i *Toponomastica Trentina* in *Archivio Trentino Anno* III 209 ff.; IV, 1 ff.

[91]) H. D'A r b o i s d e J u b a i n v i l l e *Recherches sur l'origine de la propriété foncière et de noms de lieux habités en France* (Paris 1890). Ich kenne das Buch allerdings nur aus Recensionen, doch scheint nach diesen wol der Beweis erbracht, dass sich die französischen Ortschaften, deren Namen von Personennamen hergeleitet sind, aus dem nach r ö m i s c h e n , nicht nach g a l l i s c h e n Grundsätzen entstandenen Privatgrundbesitz entwickelt haben.

[92]) Ich will nicht unterlassen, hier auf den trefflichen Aufsatz von S t e u b aufmerksam zu machen, der sich betitelt „Die Entwicklung der deutschen Alpendörfer" und zuerst in der Augsburger allgemeinen Zeitung (Beilage vom 15—17. September 1875) erschienen und mit einigen Abänderungen in der Schrift „Zur Namens- und Landeskunde der deutschen Alpen" S. 1 —37 wieder abgedruckt worden ist. — Die von F. D a h n aufgestellte G o t e n - Hypothese, betreffend die Bevölkerung des Burggrafenamtes, hat A. B u s s o n unter Angabe der Litteratur ausführlicher begründet; siehe „Bote für Tirol und Vorarlberg" Jahrg. 1884, Nr. 232 und 233. Jedenfalls stehen die „Meraner" Goten auf sicherer Grundlage als der „Rest von Goten in Altbayern", den S e p p entdeckt hat (vgl. die stenographischen Aufzeichnungen der sechsten allgemeinen Versammlung der deutschen Gesellschaft für Anthropologie, Ethnologie und Urgeschichte in München, Beilage zum Correspondenzblatt, Jahrg. 1875, S. 34 ff.).

Autoren-, Namen- und Sachenverzeichnis.

Zusätze.

Zu Seite 33 (Anmerkung 38). Über Marzabotto ist zu vergleichen die umfassende Abhandlung von Brizio *Relazione sugli scavi eseguiti a Marzabotto presso Bologna dal Novembre* 1888 *a tutto Maggio* 1889 in den *Monumenti antichi publicati per cura della Reale Accademia dei Lincei* vol. I, p. 249—426. In dem ersten Capitel findet sich ein geschichtlicher Überblick über die in Marzabotto vorgenommenen Ausgrabungen.

Zu S. 94 Anm. 35. Das Buch von Elia Lattes *Le iscrizioni paleolatine dei fittili e dei bronzi di provenienza etrusca* (Milano 1892), das mir durch die liebenswürdige Güte des Verfassers zugekommen ist, habe ich leider für die vorliegende Schrift nicht mehr benützen können. Doch glaube ich aus dem kurz zusammenfassenden S. 109 der angeführten Schrift stehenden Endergebnis hervorheben zu dürfen, dass nach L. die Sprache der Etrusker, die er für Fremdlinge in Italien („stranieri all' Italia") hält, viele Berührungspunkte, oder wenn man lieber will Übereinstimmungen („somiglianze") mit den übrigen Sprachen des alten Italien aufweise, die sich bei der grossen Zahl der unterscheidenden Punkte, die zwischen der etruskischen Sprache und den übrigen altitalischen Idiomen obwalten, aus Beeinflussung der „esotici Etrusci" durch ihre italischen Nachbarn erklären. Das heisst, wenn ich richtig verstehe, die etruskische Sprache ist eine nichtitalische, durch das Italische bedeutend beeinflusste Sprache.

———

Druckversehen.

S. 14 Z. 15 v. o. ist zu lesen „Bronzefibeln" statt „Broncefibeln."

S. 56 Z. 1 v. u.   „   „Gefässhenkeln" statt „Gefässhänkeln."

S. 60 Z. 12 v. o. „ „ „ „Hallstatt" statt „Hallstadt."

S. 75 Z. 12 v. o. ist der Punkt nach „ὑπερβάσεις" zu tilgen und in der folgenden Zeile hinter „μόνον" ein Semikolon zu setzen.

S. 76 Z. 18 v. o. lies „Livius" statt „Livius".

S. 108 Z. 13 v. u. lies „gewöhnlichere" statt „gewönlichere"; ib. Z. 9 v. u. „Eger" statt „Fger".

www.ingramcontent.com/pod-product-compliance
Lightning Source LLC
Chambersburg PA
CBHW020411030726
47496CB00007B/2417